这样说话，客户喜欢你

潘鸿生▲编著

CFP 中国电影出版社
2018 · 北京

图书在版编目（CIP）数据

这样说话，客户喜欢你 / 潘鸿生编著. —北京 ：中国电影出版社，2018.3

ISBN 978-7-106-04900-3

Ⅰ. ①这… Ⅱ. ①潘… Ⅲ. ①销售 - 语言艺术 - 通俗读物 Ⅳ. ①F713.3-49

中国版本图书馆 CIP 数据核字 (2018) 第 046997 号

策　　划：刘爱国
责任编辑：宋　楠　刘爱国
封面设计：刘爱国
版式设计：博　文
责任校对：柴一兵
责任印刷：庞敬峰

这样说话，客户喜欢你

潘鸿生　编著

出版发行　中国电影出版社（北京北三环东路22号）邮编 100013
电话：64296664（总编室）　64216278（发行部）
64296742（读者服务部）　E-mail：cfpygb@126.com

经　　销　新华书店

印　　刷　香河利华文化发展有限公司

版　　次　2018年 5 月第 1 版　2018年 5 月第 1 次印刷

规　　格　开本/787 毫米 × 1092 毫米　1/16
印张/18　字数/200千字

印　　数　1-5000册

书　　号　ISBN 978-7-106-04900-3/F · 0043

定　　价　39.80元

前言

作为销售人员，其日常最基本的工作就是要经常性地面对形形色色的客户，并时刻准备去应对各种各样的突发事件。无论是与客户的接触，还是对突发事件的处理，都离不开双方之间的有效沟通，而这种有效沟通则建立在销售人员出色的口才基础之上。

口才的影响力会伴随着销售工作的整个过程，而销售口才的好坏，则会在销售工作的每一个环节上得以证实。作为一名销售人员，一旦具备了一流的口才，就能够顺利地发展客户；就能够争取到向对方推销的机会；就能够在极短的时间里迅速地吸引客户的注意力，引起对方的兴趣，从而打开销售工作的局面；就能够一步一步地激起客户的购买欲望，并最终说服对方作出购买决定。

俗话说："买卖不成话不到，话语一到卖三俏。"美国的"超级推销大王"——弗兰克·贝特格总结30年推销生涯的经验，得出"交易的成功，往往是口才的产物"的结论。世界一流销售大师金克拉也说过："说话的艺术很重要。它可以使事情改变，可以使客户自己说服自己。”因此，不得不承认这样的事实：对于销售人员，哪里有声音，哪里就有了力量；哪里有口才，哪里也就吹响了战斗的号角，进而也就有了成功的希望。

说话对销售员尤为重要，毫不夸张地说，一流销售大师的业绩，至少有一半是用嘴巴去创造的。一位成功的销售大师曾经说过，只要你拥有成功销售的口才能力，你就能够拥有白手起家成为亿万富翁的机会。由此可见，口才在销售中的重要地位是毋庸置疑的，拥有优秀的口才是每一个人都梦寐以求的，同样这也是成为一名优秀销售员所必备的前提条件。那么，究竟该如何提升口才技能呢？事实上是没有捷径可寻的，这是因为适合别人的东西未必适合自己。所以，最好的方法就是大家在日常生活中一点一滴地积累，去学习和探索那些切实可行的沟通与口才技巧，只有这样才能够练就自己的“伶牙俐齿”。

本书从销售工作的实际出发，融合销售学与口才的精华，并结合了大量的销售实战案例，让每一个沟通策略都尽量做到“一看就懂、一学就会、一用就灵”，使你能够迅速轻松地提高销售业绩，让你拥有无往不胜、纵横驰骋的全新销售技能；让你达到独步天下、无往不利的销售境界，让你的销售生涯取得超乎想象的成功；让你的销售业绩和个人收入在短期内不断刷新纪录、创造奇迹。

目　录

第一章　说好开场白，初次见面就要打动客户

第二章　施展语言魅力，先把自己“推销”给客户

第三章　重视语言沟通，开启客户信任的大门

第四章　有效推荐，让客户爱上你的产品

第九章　勿入禁区，失“单”往往从失“言”开始

第一章

说好开场白，初次见面就要打动客户

好的开场白是推销成功的一半

俗话说："良好的开端是成功的一半。"心理学家在研究客户的消费心理时发现，销售员在与客户沟通时，客户一般只会记住销售员前两分钟的话，而且会在这两分钟内决定是否与销售员继续交流下去。因此，开场白的好坏，几乎可以决定这一次交谈的成败。

下面是一个销售员的客户拜访开场白。

小林："李局长，您好，我是××电脑公司的小林。"

客户："你好。"

小林："李局长，这是我第一与税务局的负责人打交道，感觉很自豪。"

客户："很自豪，为什么？"

小林："因为每个月都缴纳成百甚至上千元的个人所得税，这几年加在一起有几万了吧。虽然我算不上大款，但是缴纳的所得税也不少。今天我给您打电话，就有了不同的感觉。"

客户："噢，那你们收入一定很不错。你一般一个月缴多少？"

小林："根据销售业绩而定，有的销售代表做得好的时候可以拿到两万元，这样他就要缴纳一笔不小的个人所得税。"

客户："如果每个人都像你们这样交税，我们税收工作就好做了。"

小林：“对呀，而且国家用这些钱去搞教育。基础设施建设或者国防建设，对我国早日成为经济强国大有好处。”

客户：“没错，但是个人所得税是归地税局管，我们国税局不管个人所得税。”

小林：“哦，我对税务不了解。我这次给您打电话是想了解一下税务信息系统的情况，而且我知道您正在负责一个国税服务器的采购项目，我尤其想了解一下这方面的情况。我们公司是全球主要的个人电脑供应商之一，我们的经营模式能够为客户带来全新的体验，我们希望能成为贵局的长期合作伙伴。我能否先了解一下您的需求？”

客户：“好吧。”

通过上面这个案例，我们可以看出，开场白要达到的目标就是吸引客户的注意力，引起客户的兴趣，使客户乐于与你继续交谈下去。该案例的销售人员，就是通过很好的开场白吸引了客户，有了个漂亮的开场，从而向促成销售迈进了一步。

在与客户沟通时，前几分钟是至关重要的，并且在很多时候，第一句话的印象可以关系到整个交易的成败，即开场白的表达方式会决定是否能够打动客户的心。如果你一开始就吸引了客户的注意力，那么很可能整个交易过程都会变得很顺利。

当代世界最富权威的推销专家戈德曼博士说：“在面对面的销售中，说好第一句话是十分重要的，顾客听第一句话要比听以后的话认真得多。”《华尔街日报》记者、哈佛大学客座教授尼德·尚曾自信地说：“第一句话都不会说，怎么能了解对手呢，这样的傻事我可从来不干。”所以，任何一名销售员都要重视每一个开场白的设计，这样才能使销售工作顺利展开。

以下是销售员刘先生与客户李经理第一次见面时的开场白。

销售员刘先生如约来到客户李经理的办公室："李经理，您好！看您这么忙还抽出宝贵的时间来接待我，真是非常感谢啊！"（感谢的话让李经理听着很舒服。）

"李经理，办公室装修得虽然简洁却很有品位，可以想象到您应该是个做事很干练的人！"（赞美的话谁也喜欢听，特别是像经理一级的人。）

"这是我的名片，请您多多指教！"（有意抬高客户，让其有优越感。）

"李经理以前接触过我们公司吗？"（给客户一点时间，让客户回答。）

"我们公司是国内最大的为客户提供个性化办公方案服务的公司。我们了解到现在的企业不仅关注提升市场占有率和利润空间，同时也关注如何节省管理成本。考虑到您作为企业的负责人，肯定很关注如何最合理配置您的办公设备，节省成本。所以，今天来与您简单交流一下，看有没有我们公司能协助的。"（说明此次来的目的，突出客户的利益。）

"贵公司目前正在使用哪个品牌的办公设备？"（提问结束，让客户回答。）

李经理面带微笑非常详细地和该销售员谈了起来。

由此可见，开场白的好坏，很大程度上决定了一次推销的成功与否，因此，销售员在拜访客户之前一定要想好自己的开场白，短时间内拉近双方距离，给客户留下好印象，为成交打好基础。

很多人都有这样的体验，在与陌生人会面时，心里总会打鼓："我到底

该怎样说出第一句话，让他对我感兴趣呢？”而在事后，我们又往往后悔不已：“我今天怎么能说那样大煞风景的话呢？”“我要是换个方式，结果可能会好点儿。”然而，这个世界上没有卖后悔药的，我们只好暗下决心，第一次就要把握好说话方式，来一个漂亮的开场白。

能引起客户注意的开场白，就像是卖报人所说的话那样，我们不妨设想一下，你现在正在一个公交车站等车，一位卖报人走过来对着等车的人高喊“卖报！卖报！一块钱一份！”；同样的情境，另外一位卖报人走了过来，也对着等车的人高喊“卖报！卖报！本·拉登发表新言论，称将发动大规模恐怖袭击！中国足球再遭惨败，主教练面临下课危机！最新台风明天登陆本省，中心风力可达12级！”对比一下两位卖同样报纸的卖报人，最终的结果会有什么样的差别？后面的那位卖报人，通过非常具有诱惑力的语言，成功地吊起了等车人的胃口，激发了他们的兴趣，自然会有比较好的销售业绩。

因此可以说，开场白的好坏，可以决定你这次销售是成功还是失败。换句话说，好的开场白就是销售成功的一半。许多客户在听销售人员说第一句话的时候要比听后面的话认真得多，听完第一句话，大多数客户就自觉或不自觉地决定了是尽快打发销售人员走开还是准备继续谈下去。因此，销售人员要说好开场白，才能迅速引起客户的注意力，并保证销售顺利进行下去。

约翰逊是一家服装公司的董事长，当他还是该公司一名普通的销售人员的时候，他曾经运用精彩的开场白给客户们留下了非常深刻的印象。约翰逊在见到客户时从来不会像其他销售人员那样拘谨地说上一句：“您好，我是××公司的销售人员……”他经常这样与自己的客户开始谈话：

“××先生（女士），我来这里的原因是因为我要成为您的私人服装商。我知道您在我这儿买衣服，是因为您对我、我们公司或者对我们公司的产品有信心。而我所做的事情就是要使您的这种信心得到不断增强，我相信自己能够做到这一点。您一定希望对我有所了解，那么请允许我做一个简单的介绍：我从事这项工作已经很多年了，我对服装的式样和质地以及它们分别适合哪种类型的人都有着深入的研究。所以，我一定可以帮您挑选出一套最合适您的衣服，而且这项服务是完全免费的。”

同约翰逊一样，很多有经验的销售员在每次拜访客户前，都会花时间来考虑如何跟客户说一番精彩的开场白。因为只有在第一时间抓住客户的注意力，才能赢得与客户继续交谈的机会。

无数事实表明，好的开场白会给客户留下深刻的印象，为下一步工作打下良好的基础，从而使推销的成功率大大提高。

借助“第三方”完成开场白

在初次拜访客户的时候，销售人员如果直接冒昧地去接近，其效果往往不会太好。如果能在客户面前提一提你们都认识的人，说明这次拜访是通过熟人介绍来的，或者提一下客户的朋友、亲戚或是某个公众名人，就可以相对容易地接近客户。因为客户在一般的情况下，借助第三方的面子，可以有效消除客户的戒备，从而给你面子。

销售员：“您好，是李总吗？我是杨菲的朋友，是她介绍我认识您的，杨菲是我高中同学，而且同桌了一年，比我大一岁。”

客户："是吗？你好，我也好长时间没有见到她了，不知道她最近怎么样了？"

销售员："我昨天刚碰到她了，她最近挺好的，在进修国际贸易，她总是那么爱学习。她对您赞誉有加，说您勇于打破一切常规，敢于从零做起，她相当欣赏您。"

客户："真的吗？"

销售员："她说您在学生时代还看不出什么，但是没想到进入社会后就慢慢崭露头角，您有朝一日必定会大有作为，所以还要请您多多关照，多多提拔。"

客户："哪里，过奖了。"

销售员："听杨菲说，你们大学时代读书时经常利用节假日去学校附近的江边野炊，江边有个小岛，叫什么岛来着？"

客户："孔雀岛。"

销售员："对，对，孔雀岛，岛上山的形状像孔雀吧？听说有一次你们在岛上野炊，忽然下起大雨，江面突然涨水了，平时干涸的河段也涨水，你们差点就回不来了。我听着，都感到挺有趣的。想来，您亲身经历的，应该感触更深吧。你们那班的朋友，现在都还有联系吧"

客户："也没有，有好多朋友失去了联系。"

销售员："说的也是，离开学校后，各有各的事业，各有各的前程，天各一方的，联系起来就没有那么容易了。李总不好意思，只顾谈你们的过去了，忘了自我介绍，我叫李芬，现在从事的化妆品销售工作。我想，在这一方面您一定可以帮到我。"

客户："那我尽力而为吧！"

销售员："现在的化妆品比较走俏，市场也很大。"

客户："可是，质次价高，名不副实，也不好经营，我们现在正在为这个问题发愁呢。”

销售员：“李总，我们公司新近研制出了几个型号，现在正在开拓市场。”

客户：“那你说说看。”

……

利用第三者介绍说出开场白，无疑是一种非常好的推销术。通过“第三者”这个“桥梁”过渡后，更容易展开话题。因为有“朋友介绍”这种关系，就会在无形中解除客户的不安全感和警惕性，很容易与客户建立信任关系。

其实，除了利用朋友这个“第三方”介绍说出开场白，我们还可以利用多种“第三方”的形式说出开场白，下面，我们具体介绍几种。

1. 借助权威机构

例如：“王女士，我是某大学研究院的李哲，我打电话的目的是想和您分享一个对您非常有帮助的信息。”

这个例子借助了权威的机构作为自己的开场白，达到开场即做到吸引、说服客户的目的。

2. 利用客户熟悉的人

例如：有一个销售人员在销售他的电话系统时，这样对客户说：“先生，您好，我叫小林，我是某电话系统公司的员工。我受深圳某公司王经理的委托，特意打电话给您，因为我今天给您介绍的东西是件了不起的东西，它可以为您带来极大的方便……”

借助彼此熟悉的人，尤其是对客户有一定影响力的人来开场，往往能让客户一下子关注你的话语。

3. 利用客户同行业的知名公司

例如：“您好！赵总。我是周涛，是某公司的培训顾问。我们是国内唯

——一家专做银行业务代表培训的专业公司。我们最近为银行做了为期3周的业务人员电话技巧培训……”

向客户提一下自己以前的一些比较有名的客户，不仅可以借助这些知名公司的名望，还可以证实自己公司的实力同样是不容小觑的。

4. 借助公司威望

例如：“您好！我是大东方销售培训公司的陈志良。我不知道您以前有没有接触过大东方公司，但您肯定知道大东方销售培训公司是国内唯一专注于销售人员业绩成长的服务公司。我打电话给您，主要是考虑到您作为销售公司的负责人，肯定也会十分关注那些可以使销售人员业绩提高的方法。所以，我想与您通过电话简单交流一下（停顿）。您现在接电话方便吗？我想请教您几个问题（停顿），您现在的销售培训是如何进行的呢？”

在这个例子中，推销员通过介绍自己是某著名公司的职员，借助公司的名声和威信来与客户交谈，在客户面前建立了一种威信，有利于推销成功。

5. 利用客户尊崇的名人

小孙是一位经验丰富的销售人员，他总是随身带着有很多客户亲笔签名的名单。在拜访客户的时候，他经常会把名单放在客户面前。

“我很为我们的客户感到骄傲”，他说，“您知道某公司的董事长吗？”

“哦，知道，他很出名！”

“他是我们的客户，这上面有他的名字。那您肯定也听说过某某吧，他可是影视歌三栖的大明星！我还知道您是他的忠实影迷呢，他也是我们的客户，瞧，这上面也有他的亲笔签名。”

他兴致勃勃地谈论着一些名字，然后说：“他们都是受益于我们产品的客户……”他又读了更多的有威望的人的名字之后，说：“我想您应该相信他们的判断力，我希望您的名字能同他们的写在一起。”

利用这些名人的公众效应，让客户认为“连这些名人都用他们公司的产品，那产品就肯定不错了……”

不过，销售人员在运用这个方法的时候一定要注意首先掌握好客户的喜好，如果说的名人刚好是客户所不喜欢的，那么就很难达到预期的效果，甚至会适得其反。

6. 借助权威专家

例如：“陈部长，您好。我是××公司的销售代表。我们公司即将在国际展览中心举办一个新产品巡回展，我们所有的产品都有展示，而且我们请来了电子商务方面的专家××，他对互联网的数据中心很有研究，您一定会感兴趣。”

在这个开场白里，推销员向客户提到了行业领域的权威专家，来增加活动的专业性和正规性，从而让客户接受自己。

对于销售员来说，有效运用第三者的力量可以很好地激发客户的购买欲望，第三者的力量可以使客户获得替代的经验，容易相信产品。名人和专家都可以充当第三者的角色。有时你说一百句也顶不上你引用第三者的话来评价商品的效果好。这种方法的效果是不容置疑的，但是如果你是说谎而又被识破的话那就很难堪了，所以你应该尽量引用真实的评价。一般来说你引用第三者的评价会使顾客产生安全感，在相当程度上消除戒心，认为购买你的商品要放心得多了。

一开场就能激发客户的好奇心

心理学家认为，人的本性是不满足，好奇心就是人们希望自己能知道或了解更多事物的不满足心态。在销售实践中，销售人员可以通过激发客户的好奇心来接近他。这样做的一般步骤是：首先唤起客户的好奇心，引起客户的注意和兴趣，其次再寻找机会道明你的真实意图，并迅速转入面谈阶段。唤起客户好奇心的具体办法则可以根据每个客户的具体情况进行灵活选择。

美国有一位非常优秀的空调销售员，被称为“花招先生”。他拜访客户时，会把一个3分钟的蛋形计时器放在桌上，然后说：“请您给我3分钟，3分钟一过，当最后一粒沙穿过玻璃瓶之后，如果您不要我再继续说下去，我就会离开。”

这位销售员会利用身边的一切物品变出各式各样的花样，让客户有耐心听他说话。一次，他问一位客户：“尊敬的先生，您知道世界上最懒的东西是什么吗？”那位客户想了想，摇了摇头。“就是您存起来不花的钱，它们本来可以用来购买空调。让您度过一个凉爽的夏天。”销售员笑着说。

可见，那些顾客不熟悉、不了解、不知道或与众不同的东西，往往会引起人们的注意，销售人员可以利用人人皆有的好奇心来引起顾客的注意。

某大型百货商店老板曾多次拒绝接见一位服饰销售员，原因是该店多年来经营另一家公司的服饰品，老板认为没有理由改变这固有的使用关系。后来这位服饰销售员在一次销售访问时，首先递给老板一张便笺，上面写着："你能否给我十分钟就一个经营问题提一点建议？"这张便条引起了老板的好奇心，销售员被请进门来。他拿出一种新式领带给老板看，并要求老板为这种产品报一个公道的价格。老板仔细地检查了每一件产品，然后做出了认真的答复。销售人员也进行了一番讲解。眼看十分钟时间快到，销售员拎起皮包要走。然而老板要求再看看那些领带，并且按照销售员自己所报的价格订购了一大批货，这个价格略低于老板本人所报价格。

众所周知，好奇心的产生是因为外界的现象对大脑产生了一种刺激，使大脑的某些区域处于一种亢奋的状态中，进而引起人对外界事物产生了关注的心态。在现代营销学中，一些营销专家通常会把这种心理运用到营销策略中去，并明确地指出了能够引起客户好奇心的重要性，即谁能够引起客户的好奇心，谁就有了成功推销的基础。

汤姆推销一款280美元的烹调器具，一次他登门向一名客户推销，客户立刻拒绝了他："我是不会购买这么贵的东西的。"

第二天，汤姆仍然来敲这名客户的门，客户推开门，一看是他，就立刻说："我是不会买你的东西的。"汤姆并不答话，而是从口袋中掏出一张1美元的钞票，当着客户的面把它撕碎，对客户说："你心疼吗？"客户吃惊地看着他，汤姆没等客户回答就离开了。

第三天，汤姆又来到这家客户门前，客户开门后，汤姆又掏出一张1美元的钞票，当着他的面把它撕碎。然后问："你心疼吗？

客户说："我不心疼。你撕的是你自己的钱，如果你愿意，尽管撕吧。”

汤姆说：“我撕的不是我的钱，而是你的钱。”

客户很奇怪：“怎么会是我的钱呢？”

汤姆说：“你结婚已经20年了吧，如果这20年，你使用的是我的烹调器具做饭，每天就可以节省1美元，一年360美元，20年就7200美元，不就等于撕掉了7200美元吗？你今天还是没有用它，所以又撕掉了1美元。”

客户被他的话说服了，立刻购买了汤姆的产品。

以上的实例说明，能引起对方的好奇心，进一步就能实现相互接近的目的，因而引发对方的好奇心也是销售的重要手法。

引发好奇心也不是故弄玄虚，还是要与对方的需要联系起来，触发对方心理上的敏感点。例如，告诉对方说：“您亲自看一看就会知道，这一定是您送给女朋友最好的礼物。”或者借助权威者态度打动对方，如：“这种产品在国外展览时，连某国总统都惊动了。”或者告诉对方都有哪些名人买了这种产品，对方要见到也一定会喜欢。

能使对方产生好奇心，总是要引起对方的兴趣，同时又有对方所未知的内容，这才能促使对方进一步行动，想弄清楚不明白的问题。

当初次与客户见面时，你的开场白是具有关键性作用的。如果你的开场白能够引起客户的兴趣，那么你的推销任务就已经成功了一半；反之，如果客户对你的开场白理都没有理的话，更别提感兴趣了。此时，你就不用期待客户能有耐心听你下面的话了。

每个人都有好奇的天性，一旦有了某个疑问，就必须得探明究竟不可。为了激发起客户的强烈兴趣，销售员可以使用制造悬念的方法。你可以在开场白中制造某种悬念，以激起客户的一些好奇心，从而促使其尽快地进入自己的主题框架中去。

但是，需要注意制造悬念不是故弄玄虚，既不能频频使用，也不能悬而不解。在适当的时候应解开悬念，以使客户的好奇心得到满足，而且也使前后内容互相照应，结构浑然一体。这样便在不知不觉中把自己的产品介绍给了客户。当然，在运用这一方法时，一定要注意提问的方式，应该针对对方注意的事项进行提问，并且一定要把意思表达清楚，不要让顾客有一种含糊不清的感觉，否则就会起到适得其反的副作用。那么在激发客户好奇心的开场白的过程中要注意以下四方面。

1．销售员要想吸引客户的谈话兴趣，就要避免直接谈论产品，而是从侧面着手，进行有效开场。有效开场的关键在于语言运用得巧妙；

2．好奇心式开场白的使用重在新奇，因为只有这样才能吸引客户的聆听兴趣，所以这种开场白的使用通常要求销售员能够灵活应对，并且有丰富的销售经验；

3．在开场白中可以向客户提出只占用其很短的时间，以暗示不会耽误他太长时间，从而避免客户产生反感；

4．在表述开场白时，要注意说话时的方式，只凭借足够的自信还不够，在声调和语速上也要注意适度，切忌过于急躁。

总而言之，好奇心是人类的天性。如果，销售员能合理地利用客户的好奇心，那么你的推销之路将会走得更顺畅、成功。

用拉家常的方式接近客户

在很多时候，你与客户第一次见面交谈，不妨先与对方聊聊家常，让了解一下客户的背景和生活情形，以减轻其防卫心理，使彼此的交谈气氛更为融洽。而你也可以从对方的谈话中捕捉到对你推销有利的资讯，让客户对你产生信任。适当地寒暄，聊聊家常，这也是接近客户的最好方法之一。

一位汽车销售冠军说："接近客户，并不是一味地向客户低头行礼，也不是迫不及待地向客户说明商品，这样做反而会使客户逃避。当我刚进入企业做销售人员时，在接近客户时，我只会销售汽车，因此往往无法迅速打开客户的'心房'。在无数次的体验、揣摩后，我终于体会到，与其直接说明商品不如谈些有关客户太太、小孩的话题，或谈些乡间的事情。让客户喜欢自己，关系着销售业绩的成败。"

有一次，著名的保险推销大师弗兰克向一位很难接近的客户推销保险，客户对他非常冷淡，根本不想听他的介绍。

看到这种情况，他于是开始很巧妙地转换话题，谈起了客户的创业经历，这自然是客户最骄傲也是他最感兴趣的话题。

对方也慢慢地转变了冷漠的态度而兴致勃勃地同他谈起了自己的过去、现在的成就、艰难的创业过程和遭遇的种种挫折，弗兰克趁热打铁地问是否愿意让自己去看看他的工厂，结果这位客户十分高兴地答应了。

在带领他参观自己的工厂的时候，这位客户感到了久违了的满足、快乐，这种满足感让他忘记了工作带来的身心疲惫。

尽管那次客户并没有买他的保险，但是，他并不气馁。他认为自己起码已经打开了局面，成功地与客户进行了接触，还从这位客户的身上学到了很多知识。而且对方显然也已经把自己当成了他的朋友，以后再接触就方便多了。

结果正如弗兰克想的那样，过了一段时间，那位客户主动找上门来，从他那里一下就买了好几份保险。临走时，那个客户还特别对他提起，说是弗兰克的乐观精神给自己留下了深刻的记忆并且深深地感染了自己。

可见，销售人员在与客户拉家常是何等重要。不仅销售大师可以通过拉家常接近客户，普通的销售人员也可以做到通过拉家常接近客户的。

如果销售人员在接触客户说开场白时，能和客户谈论一些家常，就能很好地增进彼此的亲切感，从而为下一步的推销工作打下良好的基础。

王经理：“李先生，您好！您这么忙还要打扰您，真是不好意思。这是我的名片，请多指教。”

李先生：“王经理，您好！”

王经理：“不知道李先生平常都有哪些休闲活动？”（谈论客户的一些兴趣爱好。）

李先生：“我每周有两个晚上要去上软件设计的课程，星期日有时会带小孩去公园或动物园。”

王经理：“真不简单，很佩服您啊，工作这么忙，还能坚持学习。你有几个兄弟姐妹呀？”（拉起家常，进行寒暄。）

李先生：“有一个哥哥、一个姐姐、一个妹妹，我是老三。”

王经理：“哦！他们都在哪里高就？”

李先生：“姐姐自己开一家化妆品店，哥哥在银行工作，妹妹是一家私人企业的职员。”

王经理：“都挺不错的嘛！”

丁经理：“哪里！”

王经理：“你们平时经常联系吗？”

李先生：“不常联系。只有在假期时大家才会一起出去玩，或吃吃饭，聊一聊。”

王经理：“您平常如何做理财计划呢？”

李先生：“一个月才几千元的收入，能做什么理财计划？”

王经理：“那您买保险了吗？”

李先生：“买了啊！”

王经理：“一年大概要交多少保费？”

李先生：“大概1000多元吧！”

王经理：“当初买保险是出于什么目的呢？”

李先生：“因为现在大多是小家庭嘛！万一我有个三长两短，太太、孩子怎么办？总要为他们想一想吧！”

王经理：“您真是一个负责任的好父亲呀！”

李先生：“哪里，哪里！”

王经理：“如果现在有一个工作能够将您的所学和您的业务方向结合在一起，也就是说，将管理和推销综合运用，让您表现得更出色，而且待遇是您目前的两倍，您愿不愿意去尝试一下呢？”（切入正题“保险”。）

李先生：“当然愿意啦，那是什么工作呢？”

王经理：“就是保险行销事业呀！”

李先生：“但是，我不会做保险啊！而且我想我大概也不适合。”

王经理：“其实大多数人一开始都像您一样，觉得自己不适合做保险，我刚开始时也是这样的。不过，许多东西都是可以学的，就像您也不是天生就会电脑一样。我也不敢说您适不适合，只有去尝试以后才能下结论，而且刚好我们公司这个星期有一个讲座，您可以过来感受一下。”

李先生：“那好。”

学会和客户适当地谈谈家常，这样也更容易成功。在上面这个事例中，王经理通过闲聊一些普通的家常话，与李先生进行寒暄，有效地拉近了彼此的距离，增进感情，最后成功说服客户加入推销的行列。

很多时候，一份难能可贵的客户关系就是由一次不经意的拉家常开始的。拉家常看似简单，实则非常有学问。这需要我们练就一双火眼金睛，能迅速找到客户的兴趣点和令其骄傲的地方。

一次，推销员小李在一位客户的办公室外等他，由于没有提前预约，客户的秘书知道他是一位推销员，因此就不把老板的工作行程告诉他。同时，为了防止小李要求她这么做而故意不跟小李说任何话，故意冷落小李，希望小车觉得意兴阑珊而自动离开。

这时，小李突然注意到在秘书的桌上放着一本厚厚的畅销书。于是，他问秘书小姐说：“这本畅销书你看了没有？”秘书回答说：“正在看！”他又问：“你觉得这本书有趣吗？”

她坦率地说：“一点趣也没有！不过快要看完了。”

“我也读了这本书，完全不是因为兴趣，而只是为了学习知识。这种想法真是无奈，就像我现在的工作一样。另外我再推荐给你几本既有趣又值得学习的书吧。”小李再度打开话匣子。

秘书回答：“怎么你跟我的想法一样？看来我们在某些地方的看法还是很相似的。哦，对了，刚刚我查了老板的行程表，他今天下午4点会有半个小时的时间。”

上例中，秘书之所以这样做，只是想通过对推销员小李的冷落来传达一种“我对你的商品不感兴趣”或“我根本不想买你的东西”的信息。这种冷落法看起来好像很难破解，因为即使顾客是正面拒绝，他也会跟我们对话沟通，只要存在沟通，我们就有很多的机会完成“从拒绝到接受”的销售过程。但是，面对一个完全拒绝沟通的客户该怎么办呢？这时，客套话就发挥了它积极的作用。

化解被冷落的场面，说一些对方感兴趣的客套话，这是销售人员应该掌握的基本技能。

无数事实证明，如果销售人员在接触客户说开场白时，能和客户谈论一些家常，就能很好地增进彼此的亲切感，从而为下一步的推销工作打下良好的基础。但值得注意的是，拉家常时，千万不要涉及客户的个人隐私。

投其所好，谈论客户感兴趣的话题

戴尔·卡耐基在《人性的弱点》一书中说过这样一段话：“在去钓鱼的时候，你会选择什么当鱼饵？即使你自己喜欢吃起司，但将起司放在渔竿前端也钓不起半条鱼。所以，即使你很不情愿，也不得不用鱼喜欢吃的东西来做鱼饵。”

其实，在与人交谈的时候，也应该如此。在销售工作中，我们常常会有这样的体会：与自己没有共同语言的客户一起交谈时，会感觉到非常别扭、尴尬。一旦遇到这种情况，我们就需要转换思路了。若是从对方感兴趣的话题入手，投其所好，则往往能“钓上大鱼”。

有一位名叫克纳弗的销售员向美国一家兴旺发达的连锁公司推销煤，但这家公司的经理仿佛天生讨厌克纳弗，一见面，就毫不客气地呵斥道：“走开，别打扰我，我永远不会买你的煤！”

连开口的机会都不给，这位经理实在做得太过分了，克纳弗先生满面羞惭。但是，他不能错过这个机会，于是他就赶紧抢着说：“经理先生，请别生气，我不是来推销煤的，我是来向您请教一个问题。”

他诚恳地说：“我参加了个培训班的辩论赛，经理先生，我想不出有谁比您更了解连锁公司对国家、对人民所做出的巨大贡献。因此我特地前来向您请教，请您帮我一个忙，说说这方面的事情，帮我赢得这场辩论。”

克纳弗的话一下子引起这位连锁公司经理的注意，他对展开这样一场辩论，既感到惊讶，又极感兴趣。对经理来说，这是在公众面前树立连锁公司形象的大是大非问题，事关重大，他必须为克纳弗先生提供有力的证据。他看到克纳弗先生如此热情、诚恳，并将自己作为公司的代言人，非常感动。他连忙请克纳弗先生坐下来，一口气谈了一小时四十七分钟。

这位经理坚信连锁公司“是一种真正为人类服务的商业机构，是一种进步的社会组织”。他为自己能够为成千上万的人民大众提供服务而感到骄傲。当他叙述这些时，竟兴奋得“面颊绯红”，“双眼闪着亮光”……

当克纳弗先生大有收获，连声道谢起身告辞的时候，经理起身送他。他和克纳弗并肩走着，并伸过臂膀扶搭着克纳弗的肩膀，仿佛是一对亲密无间的老朋友。他一直把克纳弗送到大门口，预祝克纳弗在辩论中取得胜利，欢迎克纳弗下次再来，并希望把辩论的结果告诉他。

这位经理最后的一句话是："克纳弗先生，请在春末的时候再来找我，那时候我们需要买煤，我想下一张订单买你的煤。"

克纳弗先生做了些什么？他根本没提推销煤的事，他只不过是向经理请教了一个问题，为什么会得到这么美满的结果呢？克纳弗先生抓住了客户最感兴趣的话题，这就是他毕生为之奋斗、弥足珍贵的事业。克纳弗先生对此感兴趣，参与其事，就成了那位经理志同道合的朋友。

在销售过程中，销售人员必须跟着客户的兴趣走，谈话没有共同点是很难进行下去的。例如，看到阳台上有许多盆栽，你不妨说："你对盆栽很感兴趣吧？花市正在开郁金香展，不知道你去看了没有？"看到高尔夫球具、溜冰鞋、钓竿、围棋都可以展开话题。另外，作为优秀的销售人员，你对各种时尚、众人感兴趣的话题也要多少知道一些，总之最好是无所不通的。

许多有经验的推销员都喜欢投其所好以说服客户，这方面成功的案例数不胜数。刚开始的时候对方对推销员、对交易很厌烦，但是后来由于推销员巧妙地聊起了他们感兴趣的话题，而使对方产生了好感，并最终交易成功。由此可见，再忙的人，再抠门的人，都乐意花费时间，或者花费钱财，在他喜欢的事情上。如果你要想让推销变得容易，就该记住一个原则：发现人们的需要，并满足它。

杜维诺先生想把自己经营的面包推销到纽约的一家大饭店，他每年都给饭店的老板打电话问寒问暖，还经常出现在饭店老板出席的场所。

他甚至在该饭店住了下来，以便成交这笔生意，但是，杜维诺的这些努力都是白费心机。

杜维诺苦苦思索，终于找到了症结所在。经过调查，杜维诺发现这个老板是一个“美国旅馆招待者”组织的骨干会员，最近还当选为主席，他对这个组织极为热心。不论会员们在什么地方举行活动，他都一定到场，即使路途再远也不影响他的出席。

当杜维诺再次见到饭店老板时，开始大谈“美国旅馆招待者”组织，这位老板当即滔滔不绝地跟杜维诺热情地交谈起来。当然，话题都是关于这个组织的。结束谈话时，杜维诺得到了一张该组织的会员证。在这次会面中杜维特丝毫没有提面包的事，但几天之后，那家饭店的厨师长就打电话过来，让杜维诺把面包样品和价格表送过去。

“我真不知道你对我们那位老板做了什么手脚，”厨师长在电话里说，“他可是个很固执的人。”

“想想吧，我整整缠了他四年，还为此租了你们的房子。为了做成这笔生意，我可能还要缠他很久，”杜维诺感慨地说，“不过感谢上帝，我找出了他的兴趣所在，知道他喜欢听什么内容的话。”

“酒逢知己千杯少，话不投机半句多。”只有客户对销售员所说的话感兴趣，他才会重视起来。所以在第一次与客户接触的时候，不妨先给客户准备一道开胃菜——谈谈客户感兴趣的话题。

销售人员要想迅速地接近客户，与客户建立良好的人际关系，就要尽早找出双方共同感兴趣的话题，在拜访之前先收集信息与资料，尤其是在第一次拜访时，事前的准备工作一定要充分。

某公司的汽车销售人员小马在一次大型汽车展示会上结识了一位潜

在客户。通过对潜在客户言行举止的观察，小马分析这位客户对越野型汽车十分感兴趣，而且其品位极高。虽然小马将本公司的产品手册交到了客户手中，可是这位潜在客户一直没给小马任何回复，小马曾经有两次试着打电话联系，客户都说自己工作很忙，周末则要和朋友一起到郊外的射击场射击。

后来又经过多方打听，小马得知这位客户酷爱射击。于是，小马上网查找了大量有关射击的资料，一个星期之后，小马不仅对周边地区所有著名的射击场了解得十分深入，而且还掌握了一些射击的基本功。再一次打电话时，小马对销售汽车的事情只字不提，只是告诉客户自己“无意中发现了一家设施特别齐全、环境十分优美的射击场”。下一个周末，小马很顺利地在那家射击场见到了客户。小马对射击知识的了解让那位客户迅速对其刮目相看，他大叹自己“找到了知音”。在返回市里的路上，客户主动表示自己喜欢驾驶装饰豪华的越野型汽车，小马告诉客户：“我们公司正好刚刚上市一款豪华型越野汽车，这是目前市场上最有个性和最能体现品位的汽车……”

一场有着良好开端的销售沟通就这样形成了。

在寻找客户感兴趣的话题时，销售人员要特别注意一点：要想使客户对某种话题感兴趣，你最好对这种话题同样感兴趣。因为整个沟通过程必须是互动的，否则就无法实现具体的销售目标。如果只有客户一方对某种话题感兴趣，而你却表现得兴味索然，或者内心排斥却故意表现出喜欢的样子，那客户的谈话热情和积极性马上就会被冷却，这是很难达到良好沟通效果的。所以，销售人员应该在平时多培养一些兴趣，多积累一些各方面的知识，至少应该培养一些比较符合大众口味的兴趣，比如体育运动和一些积极的娱乐方式等。这样，等到与客户沟通时就不至于捉襟见肘，也不至于使客户感到与你的沟通寡淡无味了。

这样和客户聊天，客户才会喜欢你

聊天是拉近客户关系的重要手段。在销售过程中，销售人员与客户的“聊天”与其说是与客户之间沟通的一项技巧，不如说是一门艺术。如果在拜访客户的过程中安排“聊天”的部分，可能会促使宾主两相欢，进而减少双方的心理障碍。

某空调公司的袁晨，是该公司的空调推销高手，经他推销出的空调要占公司营销总量的二分之一。他推销的成功秘诀就是找准顾客的兴趣，从顾客的喜好入手，在不断闲聊的过程中拉近关系，通过迂回的战术，打开了顾客的钱包。

有一次，他的一个好朋友告诉他，花园小区有个叫李思强的住户想买室内空调，他就马上赶了过去。这是一个富人聚居的高档住宅小区，整个小区只有20来户人家，袁晨没费多大工夫就找到了李思强的家，叩开门说明来意后，李思强淡漠地说：“现在还没有这个计划”就立即关了门。

袁晨一边走在小区的林荫小道上，一边留心观察，在这个小区里，几乎每家有空调，站在门口与李思强谈话时，从门洞里看到其室内装修很考究，可以看出是一户殷实人家，好马定会配好鞍。袁晨就决心攻下这位客户。但去了几次，都被拒之于门外。

袁晨就决定对户主调查一番，以便更了解客户的心理。他了解到，李思强原是一名打工仔，几年打拼跻身富人阶层，是个倒腾电脑的生意人，业余喜好搞室内设计，也赚一些设计钱，新买别墅的室内装修设计就是他的得意之作，他还常常在朋友面前炫耀。于是，袁晨就决定从他的兴趣喜好入手，以此为突破点，拿下这位客户。

在一个阳光明媚的下午，袁晨又一次敲开了李思强的门，李思强一见是他，不等他说话，就想关上门，袁晨连忙挡住说：“李老板，今天我来找我不是谈空调的，我听朋友说你在室内装饰设计方面是个行家，我对这方面非常感兴趣，我的一个朋友要装修别墅，他托我向你请教一番。”

顿时，李思强的脸色缓和了许多，并把他请进了屋，袁晨走到墙边，边用手擦着墙上的木板边说：“你这是枫木吧，木质十分细腻，很漂亮！”李思强听后，心里乐滋滋地说：“是的，枫木是北美洲的产物，因受气候的影响而具有细致的纹路，浅色的暖黄，颇具有西方人文主义的质感，并且具有一种现代主义图案文化的意义。”

李思强的情绪非常高，就带着袁晨仔细参观每一间屋子，一件件介绍室内的装饰品，从木质到比例，又从比例谈到色调，从工艺谈到价格，还详细介绍了他的设计过程，就连一间餐厅也要做详细介绍：“餐厅餐桌我着重以‘木情’为设计的主题，希望在用餐时，全家人都有宁静清新、舒适的感觉……”袁晨饶有兴致地聆听着，并不断地说一些李思强感兴趣的话题。

袁晨参观完整个屋子，回到沙发上坐下，觉得时机已成熟，就故意把话题引到空调上来。他微笑着说：“李老板真不愧是个设计大师，你的房子装修得精美绝伦，但是美中不足的是……”李思强一怔，忙说：“愿闻其详。”袁晨说：“这么漂亮的房子居然没有空调！你在炎炎夏日满头大汗回到家里打开门，迎接你的是一间更加闷热的‘蒸笼’，你刚刚抹掉脸上的汗水，额头马上又渗出了新的汗珠，你打开窗子，一点儿风也没有，打开风扇，风却是热的，使你本来就很疲惫的身体更加烦躁。但是，如果你装了空调，当走进屋里时，迎面吹来清爽的凉风，这种享受是多么的惬意呀！”李思强大笑说：“原来你醉翁之意不在酒，绕了这么大一个圈子，还是为了向我推销空调，不过也许是我俩有缘，我的房子装修好这么长时间，还没一个人陪我好好欣赏过，今天我非常高兴，就买两台空调吧。”袁晨就这样做成了这桩生意。

上例中，袁晨通过聊天的方式，消除了与客户之间的心理障碍，进而达到了销售的目的。

一般来说，面对陌生的推销或拜访，人们都是拒绝的，而采用聊天的方式接近客户，可以使双方的会谈气氛较为缓和，接着再进入主题，效果往往会比一开始就立刻进入主题要好得多。那么，如何与客户聊天呢？聊天是有顺序的。下面列举的话题中，越前面越好聊，越后面越要避免。这个顺序是：天气、兴趣、新闻、出差或国外旅行的见闻、升职、家庭、异性、工作。

1. 天气

天气是最好的聊天话题，人们也常把天气当作初次见面时的聊天话题。因为天气既不涉及双方的利益，又是大家都感兴趣的事情。“昨夜的风好大呀！贵公司有没有受到什么损失？”除了把天气当话题之外，还可以当作关心对方的题材，但是，切记不要在与天气有密切关系的行业内多谈天气。如果您对一位雨伞店的老板说：“最近一点雨都没下，天气简直太好了！”对方会是什么感受呢？

2. 兴趣

兴趣也是与客户聊天时的最好话题，但客户是千变万化，所以要应付千变万化的客户，就必须准备多方面的知识。与客户聊起其兴趣时，必须与客户同一步调，也就是说不要批评客户的嗜好。例如客户喜欢钓鱼，不能说：“哎呀！我觉得钓鱼不好！纯属浪费时间！”而应该说：“钓鱼不错，很有成就感。”

3．新闻

最近的新闻也是你与客户聊天的很好的话题。新闻可以引起客户的好奇，例如：“昨天晚报上的头条新闻……”作为一名销售人员，一定要看报，因为报纸上有许多丰富的话题。

4．出差或国外旅行的见闻

现代的上班族出差或旅游机会很多，你一定会发现许多值得向身边的人讲述的见闻，这些见闻也一样可以拿来与客户聊天。

5．升职

你的客户当选为公司的部门经理，你该向他道贺；他的女儿金榜题名，应该率先前往道贺。在销售沟通的时候，时不时地要把这些事情提出来，让他高兴。

6．家庭

有些客户非常喜欢自己孩子，比如这类的家庭信息，销售人员也要注意收集，作为双方聊天的内容。但需要注意的是，“家丑不可外扬”，客户的家丑更不能外扬。千万不要对客户说：“我刚刚听说贵公子在外面又惹事了？”

7．异性

饮食男女，这是最能够吸引人的话题。喜欢听这种话题的人很多，喜欢以这种话题聊天的人更多。但必须注意不要太离谱。

8．工作

相对而言，工作这个话题不太好谈。销售人员尽量不要问客户工作的一些详细内容，他不一定会告诉你。尤其是有关他的生意中赚与赔的事情，更不会将真实的情况告诉你。另外，有些问题是销售人员与客户最好不要聊的。例如，政治及宗教方面的问题，可能大家的立场不同，还是少提为妙。客户想躲避的话题也不要追问下去，想躲就放他一马，不必再追问下去。

在了解与客户聊天时可以聊的话题，那么销售人员如何了解客户的兴趣与嗜好，从而选择聊天的内容呢？通常有下列三种方式。

1．事先探知的方式

通过周围的人，试探了解客户的嗜好或兴趣。例如，某业务代表想找出某公司的采购主任的兴趣，于是他便先与其办公室的两位女孩聊天，通过聊天得知这位主任喜欢爬山。

2．机关枪方式

在打仗时，用机关枪扫射，会打出去许多子弹，在这些子弹之中，总有几颗会打到敌人。所谓机关枪方式，就是在与客户聊天时多谈一些话题，总会找出他最愿意谈的。当然先决条件是要先多培养一些自己的爱好，这样才能够与客户“谈得来”。

3．猜测的方式

您可以由客户晒红的皮肤颜色，猜出他可能最近去打高尔夫球或去钓鱼，也可以由客户放在办公桌上的照片找出话题。例如，你看到有一位三四岁的小男孩站在草地上的照片，你可以对客户说：“这是您的小孙子？好可爱啊。”也许客户就此喜上眉梢，侃侃而谈他小孙子的事情。

最后，在聊天时，销售员不要忘了让客户多讲话，而且要以轻松、明朗的口吻聊天，不要随便打岔，让他觉得跟你聊天时彼此非常投机，这样才会让客户感觉到你很尊重他，他也会同样地尊重你。

拜访中几种常见的有效开场白

在很多的情况下，销售员与客户沟通的时候，是需要适当的开场白的。开场白几乎可以决定一次访问的成败，换句话来讲，一个好的开场白，就是销售成功的一半。

下面是一个推销员的客户拜访开场白。

推销员A如约来到客户办公室。开场：“陈总，您好！看您这么忙还抽出宝贵的时间来接待我，真是非常感谢啊！”（感谢客户。）

“陈总，办公室装修得虽然简洁却很有品位，可以想象到您应该是个做事很干练的人！”（赞美客户。）

“这是我的名片，请您多多指教！”（第一次见面，以交换名片自我介绍。）

“陈总以前接触过我们公司吗？”（停顿片刻，让客户回想或回答，给客户留时间。）

“我们公司是国内最大的为客户提供个性化办公方案的公司。我们了解到现在的企业不仅关注提升市场占有率和利润空间，同时也关注如何节省管理成本。考虑到您作为企业的负责人，肯定很关注如何最合理配置您的办公设备，节省成本。所以，今天来与您简单交流一下，看有没有我们公司能协助的。”（介绍此次来的目的，突出客户的利益。）

“贵公司目前正在使用哪个品牌的办公设备？”（问题结束，让客户开口。）

陈总面带微笑非常详细地和该推销员谈起来。

俗话说："万事开头难"，如何在见到客户时巧妙开场，一下子就让客户对销售人员产生好感，进而对销售人员的推销也产生兴趣，对销售人员来说非常重要。所以，作为销售人员，必须要利用好开场白的机会，紧紧吸引住客户的注意力、抓住客户的心。

下面，我们介绍几种常用的开场白：

1. 单刀直入法

熟人之间遇到急事往往采取这种形式。"无事不登三宝殿"，就直接打开话匣，进行点题了，全盘托出，引入主题。这种方式必须要求对推销的对方十分了解，无须多加寒暄，或者事情太急的情况下，才可使用。因它太直率，如果不了解对方心情，不设身处地替对方着想，往往很难取得满意的效果。因此，这种方法要看情况使用，不宜随处滥用。

2. 提问开场法

在提问开场法的开场白中，销售人员可以找出一个和客户需要有关系的，同时又是所销售产品能给对方带来满足的问题，以得到对方的正面答复。例如，你可以问："您希望减低20%的原料消耗吗？"对于那些有可能得到对方否定回答的问题，则应该小心谨慎地去提问。比如："您看过我们的产品吗？""没看过呀！""这就是我们的产品。"并同时将样品展示，接着再说："敝公司派我特地来拜访您。您觉得我们的产品如何？"

3. 引用别人的意见作为开场

如果你真的能够找到一个客户认识的人，并且愿意为你们牵线搭桥的话，那么你自然可这样说："王先生，您的同事李先生要我前来拜访，跟您谈一个您可能会感兴趣的问题。"这时，对方可能会很痛快地就接受了你的来访，而且他对你也会感到比较亲切。

4．赠送礼品开场法

赠送礼品开场法是以赠送诸如钢笔、笔记本等一类的小礼品作为开场。要注意所赠送的礼品一定要与所销售的产品有关系，这一点很重要，因为这样一来完全可以在送礼品的同时，顺便地提起你想进行的交易。

5．向客户“求教”法

这方法就是销售员装不懂，向客户请教问题，以引起客户注意。此方法很适合那些好为人师，喜欢指导、教育别人，或者显示自己的人。例如：“王总，我知道您在计算机方面是公认的专家。这是我公司刚刚研制出来的新型电脑，请您多多指导，不知道在设计方面还存在什么问题没有”。无论是谁在受到这番抬举后，对方都会接过计算机的资料信手翻翻，一旦被其先进的技术性能所吸引，推销便大功告成了。

6．借题发挥法

借题发挥法是指推销时先不直接明言，而是借别的问题加以发挥，逐步引入正题，也是人们经常使用的一种开头方法。用这种方法谈话的效果是非常好的。在推销过程中，推销方的进言、劝说，特别是碰到对方思想不通的时候，使用这种方法往往可以获得满意的推销效果。

7．引旁证法

在唤起注意方面，推销员广泛引用旁证往往能收到很好的效果。例如，一家著名的保险公司推销经纪人常常在自己的老主顾中挑选一些合作者，一旦确定了推销对象，公司征得该对象的好友王先生的同意，上门访问时他这样对客户说：“王先生经常在我面前提到您呢！”对方肯定想知道王先生到底说了些什么，愿意听这位经纪人讲下去。

8．讲故事开场法

有时用一个有吸引力的故事或笑话开场，也可以收到良好的效果。但在这样做的时候一定要注意，讲故事的目的不仅仅是为了让客户感到快乐，所讲的内容一定要与你的推销工作有某种关联，或者能够直接引导客户去考虑你的产品。

9. 利益驱动法

几乎所有的人都对钱感兴趣，省钱和赚钱的方法很容易引起客户的兴趣，因此销售人员可以根据人们的这种容易受到利益驱动的特点去设计自己的开场白，如：“张经理，我听说贵公司每年花在电能消耗上面的钱都是一大笔开支，今天我正是想告诉您可以有一种方式帮助贵公司节省一半电费……”或“刘厂长，你愿意每年在原材料方面节约10万元吗？”

第二章

施展语言魅力，先把自己“推销”给客户

记住客户名字，使对方觉得自己很重要

每个人最喜欢听到的声音、感到最悦耳的声音就是别人叫自己的名字。心理学家认为，当听到别人叫自己名字时，人的内心会产生喜悦感和满足感。在销售过程中，你可以一而再地使用这个“工具”，顾客是永远不会厌倦，这还可以削弱顾客的紧张心理，并缓和彼此意见的对立；同时，也会让顾客觉得你与众不同。摩托罗拉公司认为，如果公司的服务人员能记住老顾客的姓名，并在其再次光临时能立即叫出他的名字，就可以有效地提高顾客的满意度。

推销员希得·李维曾经遇到一个名字是非常难念的顾客。他叫尼古玛斯·帕帕都拉斯，别人因为记不住他的名字，通常都只叫他“尼古”。而李维在拜访他之前，特别用心地反复练习了几遍他的名字。当李维见了这位先生以后，面带微笑地说：“早安，尼古玛斯·帕帕都拉斯先生”。

“尼古”简直是目瞪口呆了。过了几钞钟，他都没有答话。最后，他热泪盈眶地说：“李维先生，我在这个小镇生活了35年，从来没有一个人试着用我的真正的名字来称呼我。”当然，尼古玛斯·帕帕都拉斯成了李维的顾客。

由此可见，记住对方的名字是极为重要的。这既表现出了你对对方的重视，同时，也让对方感到你的亲切，如此一来，对你的好感也就油然而生。抓住了对方的这一心理特征，你也就轻松地赢得了客户的心。

姓名，是世界上最美妙的字眼，每个人都十分看重自己的姓名。记住客户的名字是非常重要的事，忘记客户的名字简直是不能容忍的无礼。记住别人姓名，并真诚地叫出客户的姓名，它不仅意味着你对客户的接纳，对客户的尊重，对客户的诚心，对客户的关注，满足了人类基本的心理需求，拉近了你与客户之间的距离，同时也体现了你的知识、涵养和魅力所在。

泰国的东方饭店是一家已有110多年历史的国际性大饭店。这么多年以来，这家饭店几乎天天客满，不提前一个月预订很难有入住的机会。一个饭店能经营到这种程度，自然有其特殊的经营秘诀。其秘决就是饭店员工对每一个入住的客户都给以最细致入微的关怀和重视。

比如一位张先生入住了这家饭店，早上起床出门，就会有服务生迎上来：“早上好，张先生！”不要感到惊讶，因为饭店规定，楼层服务生在头天晚上要记熟每个房间客人的名字，因此他们知道你的名字并不稀奇。当张先生下楼时电梯门一开，等候的服务生就会问：“张先生，用早餐吗？”当张先生走进餐厅，服务生就问：“张先生，要老座位吗？”饭店的电脑里记录着上次张先生坐的座位。菜上来后，如果张先生问服务生问题，服务生每次都会退后一步才回答，以免口水喷到菜上。当张先生离开，甚至在若干年后，还会收到饭店寄来的信：“亲爱的张先生，恭喜您生日快乐！您已经3年没来光顾我们的饭店了，我们全饭店的人都非常想念您。”如果你受到这样的重视和关注，想必你一定还会想再回那家饭店住上一段时间的。

这就是泰国东方饭店成功的秘诀所在，重视客户，永远记住客户的名字，才会紧紧抓住客户的心。

善于记住客户的姓名是一种礼貌，也是一种感情投资，在与客户交往的过程中会起到意想不到的效果。美国一位学者曾经说过：“一种既简单但又最重要的获得好感的方法，就是牢记住别人的姓名，并且在下一次见面时喊出他的姓名。”名字作为每个人特有的标识，是非常重要的。对一个人来说，自己的名字是世界上听起来最亲切和最重要的声音。它不但获得友谊、达成交易、得到新的合作伙伴的通行证，而且能立即产生其他理解所达不到的效果。

雪佛兰通用汽车分公司的总经理巴布·兰德能记6000个人的姓名；美国前邮政总长杰姆能牢记5万个人的姓名！

巴布·兰德能够牢记全美6000个以上的雪佛兰汽车经销商的名字，在每一次的经销商联谊会议里，他都能一一叫出每一位经销商的大名，并亲切地跟他们寒暄。他这种超乎常人的记人名本事，是他成功的原因之一。

杰姆10岁丧父，连小学都没读完，但他在46岁时，获得四所大学的荣誉学位，并担任美国邮政部长。

杰姆成功的秘诀就在能牢记5万个人的姓名。这套特异本领，甚至为富兰克林·罗斯福入主白宫起了重要作用。他的所作所为给政治人物上了最宝贵的一课——选举要得胜，必须牢记选民的姓名。

世界上天生就能记住别人的名字的人并不多见，大多数人能做到这一点全靠有意培养形成的好习惯。而你一旦养成了这个好习惯，它就能使你在销售活动中占有很多优势。

记住客户的姓名，并不是一件轻而易举的事，需要下一点功夫，还得有一套方法，一般能记住大量名字的人的方法，主要有如下几点：

1. 用心听和记

准确记住客户的姓名和职务当成一件非常重要的事，每当认识新客户时，一方面要用心注意听；一方面牢牢记住。若听不清对方的大名，可以再问一次："您能再重复一遍吗？"如果还不确定，那就再来一遍："不好意思，您能告诉我如何拼写吗？"切记！每一个人对自己名字的重视程度绝对超出你的想象，客户更是如此！记错了客户名字和职务的业务员，很少能获得客户的好感。

2. 记住每个人的特征

人有许多方面的特征，有外形的特征，如眼睛特别大，胡子特别多，前额很突出等等；有职业上的特征，如他最擅长某一技术，在某一技术、学识上有受人称道的雅号等等；名字上的特征，有的名字故意用些生僻的字，或者很少用来作名字的字，有的名字与某几个人的名字完全相同，这本来是没有特征的，但可以把"同名共姓"作为一个特征，再把他们区别开来，就容易记忆了。

3. 用本子记下对方的名字

如果对方的名字比较难记，你可以说："我记忆力差，请让我记下来。"对方不但不会讨厌，还会产生一种自重感，因为你真心实意想记住他的名字。为了防止以后翻到名字也回忆不起来，除了记下名字以外，还要把基本情况如性别、年龄等记下来。这个小本本要经常翻一翻，一边翻一边回忆那一次会见此人的情景，这样，三年五载以后再碰到此人，你也可以叫出他或她的名字来。

先声夺人，一开口就打动客户

声音和人类有着紧密的联系。我们通过声音表达思想、情感、观点等，是我们的内在感觉的再现。希腊哲学家苏格拉底说：“请开口说话，我才能看清你。”正因为他了解人的声音是个性的表达，声音来自人体内在，是一种内在的剖白。

心理学家认为，声音决定了人类38%的第一印象，而音质、音调、语速变化和表达能力则占说话可信度的85%。说话是一种有声语言的表达，因此，说话声音的质量显得尤为重要。

在美国有个有很多鸽子的广场，常常会有很多歌手在广场上露天而歌，可是有一个很奇怪的现象，每当一位女歌手唱歌时，广场上的鸽子和鸟就会陆续飞走，等她唱完歌，那些鸟又会陆续回来。开始人们很不解，后来一位医生揭开了其中的奥妙。原来是这位女歌手的声音有问题，她唱歌时的声音及其分贝可归属于噪音一类。看来对美好声音的追求和识别能力是动物与生俱来的。动物尚且知道追求美妙的声音，更何况我们人呢。

一个人的动听声音应该是饱满而充满活力的。既能充分传递自己的感情，又能调动他人的感情。音质宽厚醇美、语调抑扬顿挫，可以放射出独特的魅力，美化你的形象，保持人们对你的积极的注意力，并且提高交流的效果。

一个人的声音，是有神而无形的文字，是一份比外貌更能持久迷人的魅力。美妙的声音可以穿越心灵，让你在销售中占据主动权。

有一家成衣公司的老总非常不喜欢保险销售员，为了能够让该公司老总接受保险，原一平充分准备，打算会一会这位老总。

原一平在会见这位老总前，已经对这位总经理的个人资料都调查得很清楚：原来，这位老总是一个大阪人，热心同乡会会务，兄弟中还有当大学教授的。他最初在三越百货公司工作，后来又到了东京干起了成衣批发的生意，结果发了大财。现在他在北海道还有一个规模很大的牧场。

了解到这些初步情况后，原一平又到该公司传达室进一步去打听消息，知道了这位总经理上班的具体时间；开的车子颜色、车型、车牌号，原一平还把那辆车子偷偷拍了照片，跟该公司的职员确认，以防认错。另外，原一平还了解到总经理一般在哪间办公室办公，等等。通过这一系列的调查后，原一平便清楚了这位老总很少在他自己的办公室里办公，基本上都是和公司其他职员一样，在大厅里上班，大厅里有很多员工，如果不是事先做充分准备，一时之间根本无法确认哪一个才是总经理。

把这一切工作都准备好后，原一平大胆地走进了总经理的办公区域。

总经理只穿着衬衫，正在和职员们一起忙碌着，整个办公室充满着生机勃勃的景象，原一平轻松自然地从他的斜后方走了过去，拍了一下他的肩膀，用带着“笑容”的声音，欢畅地说：“总经理，好久不见啦！”

总经理转过头来诧异地说：“咦！我们在哪里见过面吗？”

原一平微微一笑，说：“贵人多健忘哦，就是在同乡会上呀！我记得您是大阪人，对不对啊？”

总经理回答说：“嗯，是的，我的老家是大阪。”

到这个时候，原一平才递给总经理一张名片。

他一看原一平是推销保险的，就礼貌地推辞，但原一平并没因此而放弃，他放开喉咙说：“总经理，我相信贵公司的员工原先并没有立志终生要奉献成衣业而来到贵公司服务的，多是因为仰慕您的为人，才来到这儿的。”原一平说话时故意提升了一下音调，以便全办公室的人都能听得到他们的谈话。原一平说完话，再用目光扫视了一下在场的员工，然后继续用带有“笑容”的声音说：“全体员工既然都对您怀着仰慕之情，您打算怎样回报他们呢？我认为最重要的是您只有永葆健康，才能领导员工，冲锋陷阵（这里是低音调）。如果您的身体已经到了无法投保的程度，您又怎么对得起爱戴您的员工呢？不管您是喜欢还是讨厌保险，这都不重要（他再次提高声音）。现在最重要的是，您的健康是否毫无问题，您曾经检查过自己的身体吗？”

原一平说到这里后，突然打住，沉默不语了。这个时候，整个办公室里鸦雀无声，大家都在等待总经理的回答。总经理这时候显得有些手足无措，等了一会儿才说：“我没有去检查过。”

“那么，您应该抓住机会去检查啊！必须自己去创造并好好把握的机会才是真正的机会。让我为您服务吧！我将会带着仪器专程来贵公司给您做身体检查。”原一平仍然用带着“笑容”的声音说。

总经理沉默了一会儿，就说：“那好吧！麻烦你了！”

就这样，一位最不喜欢接待保险销售员的总经理被原一平给一举攻下。

销售人员在说服客户的时候，通常语速应做到该慢则慢，该快就快，需要停顿的地方要停下来，需要放低声音的地方把音量放小，再加上生动的表情和姿态，就会大大增加说服对方的可能。

当然，能够自如掌控声音，能够根据具体情况掌握声音的变化，不是一朝一夕就可以练就的功力，它需要平时多多训练。很多播音员、歌唱家的声音都是训练出来的。著名电视节目主持人靳羽西在刚开始当电视主持人的时候，也是通过练习，逐渐地掌握了说话的技巧。我们不需要像专业主持人那样，达到纯正、专业的普通话标准，但是需要在发声上多注意。要注意控制气息、音色、音量，言谈中要口齿流利，就能塑造出良好的销售形象。所以，如果你要想自己的声音充满魅力，需要注意以下几点。

1. 注意音色

销售人员可以试着清除语音障碍，调整自己的音色。有的人声音尖锐刺耳，有的人声音沙哑低沉，尽管一个人声音的基调改变不了，但每个人还是可以发出一些不同的声音，其中，也必有一种音色是最亮丽而具有魅力的。在不同场合，要注意运用有效的发音。坚毅急进的声音给人一种奋发感；柔和、清脆的声音使人愉快；低缓忧郁的声音让人悲哀；而粗俗急躁的声音使人发怒。此外，有些人爱用鼻音，这更是容易让客户产生不舒服感甚至是反感，因此一定要克服掉类似的语音，打造出动人的音色来。

2. 吐词要清晰

清晰的表达能够让客户听清楚你说的是什么，这对销售人员来说是一项最基本的要求。作为销售人员，发音一定要标准，吐字一定要清晰。语言表达是否清晰，普通话是否流利和标准与否，都会直接影响销售人员声音的感染力。

销售人员向客户介绍自己产品的时候要注意克服地方方言的影响。比如，北方人说普通话的特点就是儿化音现象很严重，尤其是当说话的语速很快的时候，别人或许根本就听不懂；而南方人在说话时往往平舌音与翘舌音不分，前后鼻音不分，很容易让人产生误解，如“史”和“死”、“四”和“是”等。

3. 声音要洪亮

销售人员说话应尽量语音洪亮，语音洪亮就可以让客户被你充分感染，增加对你个人的信任，并能对你的产品产生一种强烈的兴趣，也能产生一种想听下去的愿望。

客户会从你洪亮的声音里感受到你的热情，以及你对自己工作的激情和你对自己产品的那份热忱。声音的洪亮与否跟个人的客观条件有关。

4. 语言要流畅

除了吐字清晰以外，销售人员的讲话还要注意语言的流畅性。语言是思维的外在表现，一个说话很流畅的人，通常被人认为是个思维敏捷的人，或者可以反过来说，正因为他的思维敏捷所以他才能如此流畅。而且，语言流畅也可以很好地增加自己的自信心，同时也能获得别人的好感与信任，让人相信你的能力。

5. 保持恰当的语速

语速太快，使人喘不过气来、听不清，销售人员会白费口舌；太慢，使人听得不耐烦。因此，最恰当的做法应该是根据客户具体情况，来调节自己的语言节奏，以做到恰到好处的停顿，从而取得良好的谈话效果。

6．注意节奏

在说话中，销售人员要注意声调有高有低、有强有弱，正如乐曲中的快慢和强弱，要使你的话如同音乐一样动听，就要注意快慢高低。

7．语言与表情相配合

这样做能让你的谈话更具感染力。

通过对语言的调整，就能让销售人员说出悦耳动听的声音，就能让对方一听到你的声音就感觉很舒服、很亲切，做到这样，你就离成功销售不远了。

销售人员在业余的时间里，不妨多看看、多听听那些电视中的主持人们是如何说话以打动观众的，这样可以有意地训练自己在声音上的技巧，从而提高自己的声音魅力。

热情洋溢才能感染对方，引起客户的共鸣

一个优秀的销售员必须要具备良好的口才，而好的销售口才在很大程度上反映在话语的热情度上。因为一个态度冷若冰霜的销售人员很难打动顾客的心。真正的语言魅力来自于发自内心的真正热情，这样才能更好地赢得对方的共鸣。所以，销售人员在与顾客接触时，一定要注意把话说得热情、亲切、和蔼，做到既恰如其分、留有余地，又能使顾客感到愉快、信任，从而在一种轻松和谐的氛围中促成交易。

罗伯特·苏克是一个十分棒的保险销售员，后来创办了美国经理人

保险公司。

有一次。他手下有个叫比尔的销售员当着大伙的面，抱怨自己负责的那块地盘不好。他说：“我逐一访问了那个地区的20个销售对象，但一个也没成功，所以我想换个地盘试试。”罗伯特则不以为然，他说：“我认为并不是地盘不行，而是你的心态不行。”“我敢打赌，没有人能在那个地区做成买卖。”比尔固执地说。“打赌？”罗伯特说，“我最喜欢接受挑战！我保证一周之内，在你那20个名单目录中做成至少10桩买卖。”

一周后，罗伯特当众打开公文包，就像玩魔术似的，大会议桌上排了16份已签的保险合同单！大家惊呆。“你到底是怎么做的？”比尔问。

“当我去拜访每一位顾客时，先自我介绍：我是保险公司的销售员。我知道，比尔上个星期到你儿来过一趟。但我之所以再来拜访你，是因为公司刚刚出台一套新的保险方案，和以前的方案相比，它将给顾客带来更多的利益，而且价格一点儿也没变。我只想占用你几分钟时间，给你解释一下方案的变动情况。

“在他们还来不及说不时，我就先取出我们的保险方案——其实还是以前的那本手册，只不过我重新又抄了一遍而已。我也是先逐条解释保险条款，只不过我倾注了极大热情。关键处我便加重语气强调：你可看好了，这是新增条款现在你该明白两者的区别吧？每次顾客都回答：不错，还真和上次的不一样。我接着说：再看看这条，这又是一个全新条款。你认为这条怎么样？顾客再次回答：真是有些不一样！

“于是我继续解释下去：下面这条你可尤其注意了，这可是一条最让人激动的条款！就这样，我满腔热情地向他们销售。当所有保险内容都解释完之后，顾客已经被我的热情所感染。变得和我一样兴致勃勃，每个人都非常感谢我带给了他们全新的保险方案，即便是那个没签保险合同的顾客也是这样。”

热情产生动力，动力决定一件事的结果。在销售过程中，尤其是跟客户讲话的时候，绝对要热情，这也是成功的基本要素之一。热情最能够感化他人的心灵，会使人感到亲切和自然，能够缩短你和顾客之间的距离。

美国通用食品公司总裁弗朗克说：“你可以买到一个人的时间，也可以买到一个人指定的工作岗位，还可以买到按时计算的技术操作，但你买不到热情，而你又不得不去争取这些。”

塞克斯是美国马萨诸塞州詹森公司的一个销售员，凭着高超的销售技艺，他叩开了无数经销商森严壁垒的大门。一次他路过一家商场，进门后先向店员作了问候，然后就与他们聊起天来。通过闲聊，他了解到这家商场有许多不错的条件，于是想将自己的产品销售给他们，但却遭到了商场经理的严厉拒绝，经理直言不讳地说：“如果进了你们的货，我们是会亏损的。”塞克斯岂肯罢休，他动用了各种方法试图说服经理，但磨破嘴皮都无济于事，最后只好十分沮丧地离开了。他驾着车在街上溜达了几圈后决定再去商场。当他重新走到商场门口时，商场经理竟满面堆笑地迎上前，不等他辩说，经理马上决定订购一批产品。

塞克斯被这突如其来的喜讯搞懵了，不知这是为什么，最后商场经理道出了缘由。他告诉塞克斯，一般的销售员到商场来很少与营业员聊天，而塞克斯首先与营业员聊天，并且聊得那么融洽；同时，被他拒绝后又重新回到商场来的销售员，塞克斯是第一位，他的热情感染了经理，为此也征服了经理，对于这样的销售员，经理还有什么理由再拒绝呢？

一个销售员成功的因素很多，而居于这些因素之首的就是热情。没有热情，不论你有什么能力，都发挥不出来，根本就不会成功。成功是与热情紧紧联系在一起的，要想成功，就要让自己永远沐浴在热情的光影里。

热情，是一种内在的精神本质，它深入到人的内心，真诚的热情是最能打动人的。热情可以传递给客户。商品是没有生命的东西，但客户却是有血有肉的人，会被热情所打动。热情还可以弥补销售员自身的不足。即使是销售新人缺乏销售经验，也能凭着不可抗拒的热情不断地将产品推销出去。总之，销售人员只有用热情感染客户，销售事业才会犹如神助。无论是国际品牌的推广还是做小买卖的摊贩，热情都能创造交易。因为感性诉求永远能打动客户的心！

热情是销售成功的一个重要因素，统计表明，热情在销售工作中所占的分量很重。有的情况下，热情的作用甚至超出了销售员对产品知识的了解和掌握，但遗憾的是，很多销售员在销售的过程中并没有表现出足够的热情。爱默生说过：“缺乏热情，就无法成就任何一件大事。”销售员面对的是人，销售是心和心的交流，只有热情才能感染对方，引起客户的共鸣，达到你的销售愿望。

一天，一位顾客来到江民的计算机直销店挑选计算机，那位顾客看了店里所有的产品之后，没有看中任何一款计算机，正准备离开时，江民走过来，热情地对他说：“先生，我可以帮助你挑选到你最满意的计算机。我是这里的推销员，我很熟悉附近的计算机直销店，我愿意陪你一起去挑选，而且还可以帮你砍价。”

这位顾客同意了江民的请求，于是江民便带着他把附近的几家店都看了一遍，但顾客还是没有挑选到他最满意的计算机。

最后，那位顾客对江民说：“我还是决定买你的计算机。老实说，我决定买你的计算机并不是你的计算机比其他店里的要好，而是你对顾客热情的态度感动了我。到目前为止，我还没有享受过这种宾至如归的服务。”

结果，那位顾客从江民那里买了好几台计算机，而且，那位顾客还在他的朋友圈内为江民免费做“广告”，介绍了很多客户到江民的店里来买计算机。

很多时候，热情是一种力量，它可以促使客户更快的接受，无怪乎销售大师原一平所说：“热情在销售中占的分量为85%，而产品知识只占15%。”对销售员来说，充满热情不仅仅是一个人外在的表现，还是其内心形成的习惯。这种习惯通过人的言谈举止自然而然地表现出来，从而影响他人。这种习惯让你蔑视一切困难，进而跨越困难走向成功的坦途。

热情作为一种精神状态是可以互相感染的，如果你始终以最佳的精神状态出现在客户面前，那你的客户一定会因此受到鼓舞，你的热情会像野火般蔓延开来，你的热情就能感染和打动客户。

真诚赞美，用“心”去打动客户

爱听赞美之辞，是人的本性。卡耐基在他的著作中讲到：“人性的弱点之一，就是喜欢别人的赞美。”每一个人都觉得自己有很多值得夸耀的地方，销售人员如果能抓住这种心理，很好地利用，就能成功地接近顾客。

有位生性高傲的老总，非常看重自己形象且感觉良好，一般生人很难接近，他的生硬冷漠面孔常使人望而却步。有位营销员听说了他的脾气，一见面就微笑着扔过去一支烟说：“总经理，您好！我一进门就有人告诉我，您是个爽快人，办事认真，事业有成，富有同情心，特别是对我们这些人格外关照。我一听，高兴极了。我就爱和这样的老总打交道，痛快！”老总的脸上立刻露出一丝笑容。这位营销员的成功便得益于开头的那几句恭维话。这样，对方就不好意思让一个恭维尊敬自己的人难堪了。自然会在维护自我形象的心理支配下变得和蔼可亲起来。

真诚的赞美顾客，这是令客户“开心”的特效药。每当你赞美客户的成就、特质和财产时，就会提高他的自我肯定，让他更得意。只要你的赞美是发自内心的，别人就会因为你而得到正面肯定的影响，他们对你产生好感，他们会增加对你的满意度。

销售人员赞美客户的内容有多种多样：外表、衣着、谈吐、气质、工作、地位以及智力、能力、性格、品格等等。只要自然真诚并且恰到好处，客户的任何方面都可成为赞美的内容。

有一次，詹姆士去拜访一位年轻的律师，他对詹姆士的介绍和说明丝毫不感兴趣，对詹姆士本人也显得格外的冷漠。但詹姆士在临离开他的事务所时不经意的一句话，却意外地使他的态度来了个180度大转弯。

“理查德先生，我相信将来你一定能成为这一行业中最出色的律师，我以后绝对不再随便打扰你，但是如果你不介意的话，我希望能和你保持联系。”

这位年轻的律师马上反问他：“你说我会成为这一行最出色的律师，这可不敢当，阁下有什么指教呢？”

詹姆士非常平静地对他说：“几个星期前，我听过你的演讲。我认为那次演讲非常精彩，可以说是我听过的最出色的演讲之一。这不仅仅是我一个人的看法，出席大会的其他会员也这样评价你。”

这些话听得理查德眉飞色舞，兴奋异常。詹姆士早已看得出来，于是乘胜追击，不失时机地向他“请教”如何在公众面前能有这样精彩的演讲。他兴致勃勃地跟詹姆士讲了一大堆演讲的秘诀。

当詹姆士离开他的办公室时，他叫住詹姆士说：“詹姆士先生，有空的时候希望你能再来这里，跟我聊聊。”

没几年时间，年轻的理查德果然在费城开了一间自己的律师事务所，成为费城少有的几位杰出律师之一。而詹姆士一直和他保持着非常密切的往来。

在与理查德交往的那些年里，詹姆士不时地对他表示关心与称赞，而他也时时不断地拿他的成就与詹姆士分享。

在理查德的事业蒸蒸日上的同时，詹姆士卖给他的保险也与日俱增。他们不但成了最要好的朋友，而且通过理查德的牵线搭桥，詹姆士结识了不少社会名流，为他的推销准备了许多有价值的潜在客户。

每个人都希望得到别人的称赞和关心，客户也是如此。每个人都有希望别人赞赏的心理，而且对得体的赞美是很容易注意的。因此，在拜访陌生人时，适当地赞美一下你的客户，是唤起客户注意的有效方法。

《黑人文摘》杂志的老板的约翰逊，就一直秉持着这样的业务观念。有一次，约翰逊计划让森尼斯无线电公司成为自己的广告客户。于是，他给该公司的总裁麦克唐纳写了一封信，希望和他面谈。麦克唐纳很快就回信说：“来信已收到。不过我不能见你，因为我不主管广告。”约翰逊的请求被拒绝了。约翰逊自然不会放弃，他想：“他是公司的总裁，不管广告，会管什么呢？”经过一番调查，约翰逊了解到，麦克唐纳主管着该公司大的政策，其中包括广告政策。于是，约翰逊又给麦克唐纳写了一封信，问是否能去拜访拜访他，跟他聊聊他的公司在黑人社会中进行广告宣传的政策。

麦克唐纳的回信还是很快：“你是一个坚持不懈的年轻人，我决定见你。但我事先声明，如果你一谈到在你的杂志上登广告的事情，我就立即结束谈话。”

不能谈广告，那么谈点什么呢？约翰逊决定更深入和全面地认识一下麦克唐纳。他翻阅了所有能找得到的有关麦克唐纳的资料。在《美国名人录》中，约翰逊发现麦克唐纳是一个探险爱好者，还曾到过北极点，时间是在汉森到达北极点之后不久。

了解到这一点后，约翰逊感到胸有成竹了。约翰逊先让自己的手下找到汉森，请他在其出版的一本探险书上签名，以便送给麦克唐纳。接着，约翰逊撤下了他旗下一本将要出版的杂志中的一篇文章，换上了一篇介绍汉森的文章。见面的时间到了。约翰逊终于走进了麦克唐纳的办公室，没想到彼此打完招呼后，麦克唐纳的第一句话竟然就是："你看见那一双雪地靴没有？那是汉森送给我的！他有一本很棒的书，不知你看过没有？"约翰逊说："看过。我这里还有一本。汉森还专门为您签了名。"说着，约翰逊把书递给麦克唐纳。

麦克唐纳感到非常高兴，一边翻着书一边说："像汉森这么优秀的黑人，你们杂志应该介绍一下。""您的意见非常正确。"约翰逊说着，就把登载着汉森介绍文章的新杂志递给了麦克唐纳。

麦克唐纳看见了介绍汉森的那篇文章后，心情显得更加愉快。他还对约翰逊的杂志的风格表示了赞许。约翰逊告诉他，自己创办这份杂志的目的，就是要介绍像汉森这样克服一切障碍与困难、努力赢得成功的人。听到这些，麦克唐纳抬起头来，慢慢说道："你知道吗，我现在看不出有任何理由不让我们公司在你的这份杂志上刊登广告。"

为什么约翰逊能够拿下麦克唐纳这个大客户的广告订单？因为他对麦克唐纳使用了赞美！

真诚地赞美客户，一直都是销售员获得客户好感的最有效方法。法国作家安德烈·莫洛亚说过，"美好的语言胜过礼物"。在实际生活中，每个人都有一些不同于他人的东西，并常因此而引以为傲，希望为人所知，受人称赞。销售员如果能真诚地赞美客户，就可以使客户有满足感，从而获得其好感。

“言”到功成，把话说到客户心里去

与客户交谈，有时可能“话不投机半句多”；而如果说话投缘，就会“言逢知己千句少”，给销售工作架起绚丽的彩虹。会不会说话，关键看你说出来的话，是不是对方喜欢听的话，想听的话。

李刚是大学刚毕业的法律系学生，因为律师考试未能通过，只好在一家法律事务所当职员。按公司规定，试用期间每一个人在一个月内都要拉到一家新客户。可是他刚离开学校不久，又没有任何的背景，每次去拜访一些陌生的新客户，不是吃了闭门羹，就是要他回去等消息。

眼看一个月的期限就快到了，他已经是心灰意冷，打算另谋出路。没想到这个时候奇迹出现了，他不但开发出一个新客户，而且还借着这个客户的引荐，一连吸收了十几家新客户。他不但没有被炒鱿鱼，反而晋升成正式职员，薪水也连跳好几级，成了该事务所的“超级营业员”。

李刚究竟凭着什么本领，成为了“超级营销员”呢？以下内容是他的自述：

“当天，我愁眉不展地不得不踏入那家公司。到了门口的时候，我想到以前几次的闭门羹，就更加踌躇不安。忽然我看了公关部主任桌上的名片，我想到我有办法了。

原来这位主任的名字蛮奇怪的，竟然叫作‘万俟明’，而我恰好又

很喜欢看传统小说，以前在看《说岳传》时，书中有个坏人的名字就叫‘万俟禹’。这个人与岳飞同朝为官，但因为岳飞见他时不以礼相待，两人因此不和。后来他便迎合奸相秦桧在朝中一再攻击岳飞。在绍兴十一年时，将岳飞父子下狱治死。

我看《说岳传》时年纪还小，一看到‘万俟禹’三个字，就不知道怎么读，所以我特地查了字典，才知道这三个字的读音。也正是因为这样，我才知道‘万俟禹’这两个字的正确读音。

当时我一看见这人的名片上写着‘万俟明’，我就礼貌地向前称呼他：‘万俟先生，我是××法律事务所的职员，今天特别来拜访您。’

才说完这句话，对方就吃惊地站起来，嘴里结巴地说着：‘你……你……你怎么认识我的姓，一般人第一次都会念错，大部分人都叫我万先生，害得我总是解释一次又一次，烦死了。’

我听了以后感觉这次拜访似乎有了个好的开始，于是我接着说：‘这个姓是复姓，而且又很少见，想必有来由的吧！’

对方听到这里，更是显得神采飞扬，高兴地说道：‘这个姓可是有来由的，它原是古代鲜卑族的部落名称，后来变成姓氏的拓跋氏，就是由万俟演变而来的。’

我看到对方越来越高兴，于是接口道：‘那您就是帝王之后，系出名门了！’

那位万俟明先生听了后更加高兴地说下去：‘岂止是这样，这个姓氏一千多年来也出了不少名人，例如，宋代有个词学名家叫万俟咏，自号大梁词隐，精通音律，是掌管音律的大晟府中之制撰官，另外写了一本书叫《大声集》。后人都尊称他万俟雅言。’

用这个少见的姓氏做话题，让我和那位公关部主任聊了起来，尽管我并未说明来意，更没谈什么细节，但光凭这次愉快的交谈，就让我开发出了一家财团做客户。而这家财团旗下所有的关系企业，全都与事务所签下了合约，聘我们做法律顾问，为我们事务所增加了前所未有的业绩，同时也充实了一下自己的腰包。”

两个彼此陌生的人初次见面，如果不能适时地找出话题，必然不能取得沟通的成功。当然，如果不能进行良好的沟通，又怎能合作，生意自然就谈不成了。像上例中的那个年轻人，明明自己知道“万俟”这个字的读音，是来自《说岳传》中的那个奸臣万俟禹，可是为了能投对方所好，故意装糊涂，让对方去述说他姓氏中那些光荣历史，使对方感觉很有面子，因此就为未来的生意奠定了一个成功的基础。

有人说，销售人员是靠嘴吃饭的，一名出色的销售人员一定要有出色的口才。只有把话说到客户心里，才能够让客户喜欢你，才乐意购买你的产品。那些久经“沙场”的销售人员，除了具备睿智的头脑、洞察市场的慧眼之外，还有一张伶牙俐齿的快嘴，这是他们在商场攻无不克、战无不胜的先决条件。

与客户交谈时，如何才能把话说到对方心坎上去呢？如果能较好地运用以下四种方法，就能把话说到别人的心坎上，就会使你“言到成功”。

1. 根据客户的兴趣爱好说话

人们因职业、个性、阅历及文化素养等方面的不同，兴趣和爱好也有所不同。而且，有些人的兴趣、爱好还会因时因地而有所不同。比如，有的人年轻时对垂钓感兴趣，而到了晚年，却爱好养花种草。而你若知道你的交际对象对某方面感兴趣，你与之交际时如果先谈些与其兴趣有关的话题，对方就容易向你打开话匣子。

2. 根据客户的潜在心理说话

话要说到客户的心坎上，就要注意揣摩你的客户心里在想什么。如果你说的话与客户的心理相吻合，客户就乐于接受；反之，你说的话就会使客户产生排斥心理。

3. 根据客户的性格特点说话

平时，我们面对的客户性格迥异，有的生性内向，不仅自己说话比较讲究方式方法，而且也很希望别人说话有分寸、讲礼貌。因此，与这样的客户交谈时，要注意说话方式，尽可能对其表现得尊重和谦恭些。

4. 根据客户的不同身份说话

我们在销售中要与不同身份的客户说话，因此，针对不同的身份，所选话题也应有所不同，要选择与之身份、职业相近的话题。

喻义行销，借助比喻来推销

在销售口才技巧中，喻义行销法不失为一种非常好用而又容易见效的销售方法，它巧妙地运用了日常生活中常见的事物，通过形象生动的比喻，向客户阐释应该及时购买产品的原因。在中外保险推销大师的经历中，我们不难发现此法的妙用。

约翰刚参加工作不久，就碰上了一位自称永远都不需要保险的医生，他很有钱，同时也很吝啬。

这位医生夸口说有一天他将拥有200万美元。约翰告诉他应该通过保险为他的家人保证收入来源，但他根本不想花这笔钱，认为支付保险金会减少他的储蓄。很明显他不懂保险，他喜欢储蓄、有价证券和定期存款等除保险以外的其他金融工具。面对如此固执的客户，约翰需要想办法消除他的偏见，给他提供最好的储蓄方案。

在会谈将要结束时，约翰决定再试一次。约翰说：“您的目标是攒够200万美元，确实很了不起。任何拥有那么多钱的人都不用为养活自己和家发愁，而且不需要再去工作。但是假设您的200万美元是一座40层大楼的顶层，如果您的目标是到那儿，您怎么上去呢？您是爬楼梯呢，还是乘电梯？”没等医生回答，约翰接着说，“您显然属于爬楼梯的这一类人。”

“你说什么？”医生有点恼怒。

约翰却一点儿也不着急：“您现在就像是在爬楼梯。您要爬到200万美元，而不是乘电梯到200万美元。”

医生怒视着约翰，等他解释。

约翰不慌不忙地说：“按照您目前的计划攒钱就像在爬楼梯。当您买高收益率的股票时，您一步三个台阶，但您仍然是在爬楼梯。爬楼梯的缺点是您有可能停下来，您也有可能摔断腿，或者摔死，再也爬不上去。不论您滞留在哪一层，您都实现不了您的目标。您和您的家人该怎么办？”约翰停下来看着这位医生，他仍然沉默不语。

“但是，”约翰接着说，“有了保险，您就不会被困住。免缴保险费如同你受伤后我每次给你按一下电梯按钮，您就上去一层，直到你到达顶层。如果你死了，我就按直达键，直接把你送到顶层。”

这位医生点点头。几分钟后约翰就拿着医生的保险支票离开了他的办公室。

事实表明，利用生动又切合客户心理的比喻来说服客户，远比讲一通客户不愿听而又听不懂的长篇大论有效得多。

在销售中，适时使用恰当的比喻，不仅可以让话语变得活泼生动，还可能带来意想不到的惊喜。

康耐斯从事保险工作多年了，他知道如何去应对各种类型的顾客，尤其是那些还没有保险意识的人。下面就是他说服客户的过程。

客户：“我身体很健康，根本不需要买保险！”

康耐斯：“听您这么说真应该恭喜啊！不知道您有没有玩过纸牌或是买过彩票？”

客户：“玩过一阵子，现在不玩了！”

康耐斯：“其实，我们每个人每天都在赌博！（客户愣了一下。）和命运之神赌，赌健康、赌平安无事，如果我们赢了，就可以赚一两个月的生活费用，万一要是输了呢？将把日后家庭所有的费用全部输光。您认为这种做法对吗？您既然认为赌博不好，可是您现在为了省下一点点保险费，却是拿您的健康作为赌本，赌您全家的幸福！”

客户：“我有存款可以应付家用，不需要买保险！”

康耐斯：“储蓄是种美德，您能这么做可见您是个很顾家的人！但是，我冒昧地问一句，以您目前的存款是否能支付家里5年或10年以上的费用？哦！对了！我刚刚在外面看见您的车子，真漂亮！好像才开一年多吧！不晓得您有没有买安全保险？”

客户：“有！”

康耐斯：“为什么呢？”

客户：“万一车被偷了或被撞了，保险公司会赔！”

康耐斯：“您为了怕车被偷或被撞，为车子买安全险，车子怎么说也只是个代步工具，只是资产的一部分，但是，您却忽略了创造资产的生产者——您自己，何不趁现在为家庭经济购买‘备胎’？”

客户：“你说得有道理，那你说以我目前状况买哪种保险最好呢？”

看似简单的比喻帮了康耐斯一个大忙。很多时候，跟客户沟通，直白的讲述未必能收到好的成效，但是寓意深远的比喻却能让客户深刻地体会到其中的道理。

我们看到这个案例中的保险销售员，面对的客户起初并没有强烈的购买欲望，但经过他巧妙的语言引导，并从客户角度出发作一番比较分析，首先他把健康和赌博联系起来进行说明，为客户阐释健康保险的重要性；接下来，又把保险比喻成家庭经济的“备胎”，进一步形象地述说了保险对于客户来说是当务之急。在这个过程中，我们可以体会到喻义推销法的妙用。喻义推销法最大的特点就在于不需要直白地阐明而道理又表露无遗。

很多时候，客户对产品可能已经很了解了，这时再就这个产品谈来谈去只能让客户觉得厌烦。或者这个产品本身不是很有趣，那么大肆宣扬只能增加枯燥无味的感觉。因此，在销售工作中用点儿比喻的方法，可以让客户更加透彻地了解销售员的方案，并最终下决心签单。

巧用幽默，把你的客户逗开怀

幽默是销售过程中应该掌握的最重要的沟通技巧。没什么比幽默更有利于建立良好的关系，幽默是你与客户建立友谊的桥梁。

在销售中，交易的本身容易让客户充满戒备与敌意，如果销售员能够适当运用幽默的技巧，就可以消除客户的紧张情绪，使整个商谈过程变得轻松愉快，充满人情味。所以，幽默的销售员更能获得客户的欢迎，取得他们的信任，促使交易走向成功。

昆山有一家叫作“泰远”的旅社，它坐落于一个风景名胜区内。曾经有一位销售前往该旅社向这位老板销售券商理财产品，当他与那家旅馆老板在旅馆中进行磋商时，如同一般准客户的反应一样，那位老板这么对他说“这件事情让我再考虑一下，因为我还需要请示一下我的太太”。这家旅馆名叫“泰远”，与“太远”同音，因此在听完他的推脱之词后，这位销售就这么对他说：“来到贵店‘太远’，如是‘太近’的话，多来几次也无妨。但是偏偏我却身居在那遥远的上海……”听了这番话后，那位老板随之就忍俊不禁，笑个不停，结果在那一天这位销售人员就谈成了这笔生意。

有时小小幽默，却能发挥出莫大的效果！聪慧的销售人员灵机一动，通过旅馆的谐音制造了一个幽默，却产生了出其不意的效果，打动了客户。如果你能让客户开怀大笑，你就能赢得客户，这就是幽默的力量。

在销售过程中，有时不免出现紧张场面，甚至陷入僵局，这时如果销售人员恰当地使用了幽默的语言，就会给双方带来欢慰，拉近彼此的距离，高雅风趣、机智巧妙、深入浅出的幽默语言能起到化尴尬为亲近，化敌意为友好，使对方难在欢快的气氛中领悟你的意图，进而打破僵局，会出现柳暗花明又一村的境地。

日本推销员之神原一平曾有这样的经历：

原一平：“您好！，我是明治保险公司的原一平。”

客户：“喔……”

对方端详原一平递过来的名片后，抬起头来慢条斯理地说：“两三天前曾来过一个什么保险公司的推销员，他话还没讲完，就被我赶走了。我是不会投保的，你多说也无用。我看你还是快走吧，以免浪费你的时间。”

原一平：“真谢谢您的关心！您听完我的介绍之后，如果不满意的话，我当场切腹。无论如何，请您拨点时间给我吧！”他一本正经，甚至还装着有点生气的样子。

对方听了忍住不哈哈大笑说：“你真的要切腹吗？”

“不错，就像这样一刀刺下去……”他一边回答，一边用手比画。

客户：“你等着瞧吧，我非要你切腹不可。”

“来啊！既然怕切腹，我非要用心介绍不可啦！”话说到此，原一平脸上的表情突然从“正经”变成鬼脸，客户和原一平都不由自主地大笑起来。

在特定的环境下，原一平用以“死”相逼的夸张手法，制造了一个喜剧化的场面，打破了僵局，不能不说是运用幽默的杰作。由此可见，销售员爽朗的性格和幽默的谈吐都是赢得顾客好感的极其重要的因素。

在销售中，幽默语言不仅可以缓和谈话的气氛，打破僵局，还可以用幽默的语言刺激顾客的消费意识，让顾客在不知不觉中进入销售员设好销售圈内。

曾有一位销售精英的讲过一个这样的故事，很耐人寻味。

“情人节那天，我和两位同事相约在某酒店吃饭。酒过三巡，不知道怎么混进来的一个黑瘦的卖花童突然凑到我们桌前。

我们三个一起摆手，说没有女孩，买什么花啊，找别人去吧！小家伙没动，笑着说：“现在男人也流行送花啊！”说完从怀里抽出一枝玫瑰递给一个同事说：“叔叔，这个就算我送您的吧！”

我们不解，小家伙一拍胸脯：“我也是男人嘛！”那位同事大窘，为了不让大家误会“男人的感情”，马上掏出十元钱，连说这枝玫瑰算买的。

我在一旁哈哈大笑。没想到小家伙又抽出一枝递给我，对那位同事说：“这枝我替您送给这位叔叔吧！”现在轮到那位同事哈哈大笑了。我忙掏出十元钱，说我也买一枝。他这光棍一条，我可不想接他送的玫瑰！

然后，小家伙从桌上的烟盒里拿出一根烟递给另一位同事，又帮忙点上。小家伙放下打火机说：“老板，我给您捶捶背吧！”说完一手揽花，一手在他背上捶起来。

另一位同事冲我们使使眼色，故意说：“我可不买花啊！”小家伙嘿嘿一笑：“老板您不用买花，一会儿给点赏钱就行，这种服务……”

听到这儿，另一位同事连连摆手：“好了好了，我看还是买一枝合算。”忙掏出十元钱递过去。

小家伙深深鞠了一躬，道了声谢便转身跑了。我们不禁赞叹他的机灵劲儿。说实话，我们三个可都是公司的销售精英，没想到今天几分钟便让一个卖花小孩“拿下”，实在出乎意料。

当我们走出酒店时，看到几乎每个桌上都摆着几枝玫瑰，连保安的衣兜里都插着一枝……这下我们服了！”

成功的销售，源自语言的艺术。出色的销售人员，是一个懂得如何把语言的艺术融入到商品销售中的人。美国一项有329家大公司参加的幽默意见调查表明：97%的销售人员认为，幽默在销售中具有很重要的价值；60%的人甚至相信，幽默感决定销售事业成功的程度。

幽默是销售成功的金钥匙，它具有很大的感染力，能迅速打开顾客的心灵之门，让顾客在会心一笑后，对你、对商品或服务产生好感，从而诱发购买动机，促成交易的迅速达成。

销售员对顾客来说全是陌生人，开始并不被顾客了解。如果销售员在谈话时随时展现笑容，对人和蔼可亲、谈吐风趣，对于销售产品当然助益很大。

无论如何，用幽默的语言把客户逗笑了，然后自己也开怀大笑时，陌生感消失了，彼此的心也就在某一点上面沟通了。这不仅增添了谈话的趣味，也因为你的思维敏捷和机智而博得顾客的好感。

总而言之，对于销售人员而言，把幽默带进销售领域，创造一个与顾客齐声大笑的场面，形成幽默的销售艺术风格，在激烈的市场竞争中就会多一份获胜的希望和意外的欣喜。

第三章

重视语言沟通，开启客户信任的大门

言出必行，做一个诚实守信的人

人与人之间的交往贵在诚实，只有诚实相待才能够使彼此长久相处。以心换心，你怎样对待别人，别人就会怎样对待你。在销售活动中，也应该遵循这样的原则。做销售员首先要做一个诚实守信的人。

在创业之初李嘉诚就视“诚”为成功秘诀，他说：“我绝不同意为了成功而不择手段，如果这样，即使侥幸略有所得，也必不能长久。”他还经常对下属说：“做生意要以诚待人，不要投机取巧。对顾客许诺的事，无论遇到什么困难，也要千方百计地履行承诺。赢得顾主的信赖，比什么都重要。”

李嘉诚的第一笔生意就归功于他的“诚”字。

李嘉诚创业之初是生产塑胶花的。当初，有一位外商希望大量订货，但是为确保李嘉诚有供货能力，外商提出须有富裕的厂家作担保。李嘉诚白手起家，没有背景，为找担保人，他跑了几天，磨破了嘴皮子，可改变不了现实，根本不会有人愿意为他作担保，无奈之下，李嘉诚只得如实告诉外商。

李嘉诚的诚实感动了对方，外商对他说：“从你坦白之言中可以看出，你是一位诚实君子。诚信乃做人之道，亦是经营之本，不必用其他厂商作保了，现在我们就签合约吧。”但是，意料之外的是，李嘉诚竟拒绝了对方的好意，他这样对外商说：“先生，能受到如此信任，我不胜荣幸！可是，因为资金有限得很，一时无法完成您这么多的订货。所以，我还是很遗憾地不能与你签约。”

正是因为李嘉诚这番如实相告，使得外商大为震动，他没想到，在人们广泛接受“无商不奸，无奸不商”的说法的社会里，竟然还有这样一位“出淤泥而不染”的诚实商人。于是，外商决定，即使冒再大的风险，也要与这位具有诚实品德的人合作，因为李嘉诚值得他破一次例。他对李嘉诚说：“你是一位令人尊敬的可信赖之人。为此，我预付货款，以便为你扩大生产提供资金。”

由于得到了外商的大力支持，李嘉诚既扩大了生产规模，又拓宽了销路，由此李嘉诚发展成为“塑胶花大王”。

古人云“巧诈不如拙诚”，意思就是说投机取巧、蒙骗欺诈可能会获得暂时的利益，但是一旦被别人识破，只会带来更深的怀疑。而诚实坦率看起来有点笨拙愚蠢，但是却能够深深地赢得人心。因此对于销售员来说，诚实待人是销售工作中最基本的态度。没有诚意的人是无法获得别人信任的。只有诚实的心才能够换回客户的诚实相待。

在销售当中，守信乃销售之生命，守信还要做到守时。要知道时间是宝贵的，不管是约会时间、交货时间还是完工时间，一定要守时。不守时就没有任何信用可讲，这对销售工作非常重要。

一旦与客户约定了见面的时间后，你就必须注意守时，如果不能很好地把握这一点，那么你就会因此失去一次销售机会。有这样一位失败的销售员，由他的行为来看，我们甚至可以说他是很愚蠢的，那么，到底在他身上发生了什么样的事情呢？大家一起去看一下。

有一次某先生想买一台计算机，和这位推销员约好下午两点半在办公室面谈。某先生是准点到达的，而那位推销员却在17分钟之后才满头大汗地走了进来，“对不起，我来晚了，”他说，“我们现在开始吧。”

“你知道，如果你是到我的办公室做推销，即使迟到了，我也不会生气，因为我完全可以利用这段时间干我自己的事。但是，我是到你这儿来照顾你的生意，你却迟到了，这是不能原谅的。”某先生直言不讳地说。

“我很抱歉，我正在餐馆吃午饭，那儿的服务实在太慢了。”

“我不能接受你的道歉，”某先生说，“既然你和客户约好了时间，当你意识到可能迟到时，你应该抛开午餐赶来赴约你的客户，而不是你的胃口应该得到优先照顾。”

尽管该种计算机的价值极具竞争性，他也毫无办法推销成功，因为他的迟到激怒了客户。更可悲的是，他竟然根本想不通为什么会失去这笔生意。

事实证明，如果错过了信用，也许一笔大生意就会泡汤。信用有小信用和大信用，大信用固然重要，却是由许多小信用累积而成。有时候，守了一辈子信用，只因失去一个小信用而使唾手可得的生意泡汤，好比柱子被白蚁蛀坏而使整个房子倒塌一样。销售高手们是最讲信用的，有一说一、实事求是，言必行、行必果，对顾客以信用为先，以品行为本，使顾客信赖，使用户放心地同你做生意。

不管是销售一元钱的商品，还是销售一百万元的商品，都要讲求诚信，始终诚实地面对自己的客户。销售时销售员与客户之间是一种十分务实的交流和沟通，销售员不仅是在向客户推销产品，更是在向客户推销自己的人品。销售员诚实与否，直接影响到客户对其产生好恶等不同的心理反应，从而影响着交易的成败。

做生意讲究“诚信买卖，童叟无欺”，诚实是赢得客户好感的最好的方法。销售员在销售自己产品的时候也应该为客户着想，不欺骗客户，最终会获得客户诚实的回报。

说话有自信，让客户感觉到你有底气

石油大王洛克菲勒说过一句这样的话：“即使你们把我身上的衣服剥得精光，然后把我扔在撒哈拉沙漠的中心地带，但只要有两个条件——给我一点时间，并且让一只商队从我身边路过，那要不了多久，我就会成为一个新的亿万富翁！”也许你不觉得什么，可正是这强大的信心让洛克菲勒走向了成功。其实，这种信心和气魄是每个人都需要的，尤其是从事销售的你。因为，在销售过程中你会面对一次次的拒绝和失败，如果你没有信心，结果只能为零。

一个销售人员有没有自信，是完全可以通过说话判断出来的。在销售过程中，懦弱、胆小的销售人员，往往说话声音小；而那些充满自信、底气十足的销售人员，往往声若洪钟、说话干净利落。

一个自信的销售人员，在作产品解说时如潺潺流水，顺畅自然，同时不温不火、恰到好处地把相关的产品信息有效地传递给客户，能使客户一听就懂，入耳入心，也使客户有美的感受及激起客户的购买兴趣。

顾客则可以通过销售人员的话语的自信度、坚定度及说话的方式，看出销售人员对自己的商品和对商品推销出去是否自信。如果销售人员非常坚决，则他的商品就一定不错，他的诚恳就是真正的，他的优点就有九成正确，这样本来犹豫的顾客就会更坚决。

有一位卖地板清洁剂的销售代表到一家饭店去销售，刚一推开经理室的门，发现先一步已有一家公司的销售代表正在销售地板清洁剂，而且经理已表示要购买，后进来的销售代表凑过去看了看说：“经理，我也是销售地板的清洁剂的，不过我的产品质量比他的好！”后到的销售代表将自己销售的清洁剂往地上一泼，擦了两下说：“你来看！”地上变得干干净净的，先进来的销售员呆了，不知道怎么去对付。饭店经理看了对先来的销售员说：“你以后别来了，我要这家了。”可见，在销售的竞争中，谁有信心就能赢得机会。

一个没有自信的人，干什么事都不容易成功。自信是成功的先决条件。销售人员只有对自己充满自信，在客户面前才会表现得落落大方、胸有成竹，才会感染、征服消费者。因为在与客户沟通中，每一句话都是内心的真实写照，如果缺乏信心，对方会很容易从言谈中发现一些端倪。如果总是在想“我这次会不会被拒绝”、“客户会欣赏我吗”、“我说的是否正确”等，那还能把想要表达的意思流畅地表达出来吗?

甩掉自卑，建立自信，进行积极的自我暗示、自我激励，大胆地表达与展现自己，这是一个成功的销售人员应该迈出的第一步。

某小印刷公司推行扩大销售计划，每半年雇用一名销售员，新雇用的销售员必须先学习商品知识和销售技巧，然后跟着销售主管现场实习，最后才能得到该公司经理接见的机会，当经理对他讲一些带有鼓励性的话时，他就等于领到了“销售的毕业证书”。

有一年，该公司雇用了一个不成熟而且缺乏信心的年轻销售员，这位销售员在经过前两个阶段的学习后，对自己能否胜任工作一点儿也没有把握，他正担心经理不发给他“毕业证书”呢。

可是，那位经理在对他讲了“你能干好的”之类的鼓励性的话后，说道：“喂，你听着，我要把我想要做的事告诉你，我打算让你到街对面的‘绝对可靠的预计客户’的住处去销售，以往我也总是把新来的销售员派到那里去销售。理由很简单，因为那个老头是个买主，什么时候都买我们的东西。但是，我要预先警告你，他是一个厚脸皮、令人讨厌、爱吵嘴而且满口粗话的人。你如果去见他，他只是叫嚷一阵而已，实际上他是不会吃你的。所以，无论他说什么，你都不要介意。作为我来说，希望你默不作声地听着，然后说‘是的，先生，我明白了。我带来了本市最好的印刷业务的商谈说明，我想这个说明对你来说，也一定是想要得到的东西’。总而言之，他说什么都没关系，要坚持你的立场，然后反过来讲你要说的话。可不要忘记啊，他在什么时候，都会向我们的销售员订货的。”

这位被打足了气的年轻销售员随即冲过大街叫开门进入屋里，报了自己公司的名字。在头5分钟里，他没有机会讲上一句话。因为那老头不停地给他讲一些无关紧要的事情，一会儿教他某种菜的吃法，一会儿又教他一些莫名其妙的英语词汇。好在这位销售员事先得到过警告，他耐心地等待暴风雨过去。最后他说：“是的，先生，我明白了。那么，这是市面上最好的印刷业务的商谈说明，这样的商谈说明，当然是您想要得到的东西。”这样一进一退的进攻和防御大约持续了半个小时。半小时后，那个年轻的销售员终于得到了该印刷公司从未有过的最多的订货。

当他喜滋滋地把订单交给经理时，他说：“您说的关于那位老人的话没错。他是一个厚脸皮、令人讨厌、爱吵嘴、满口粗话的人。可是我要对那位可爱的老人说稍微不同的话：他真是个买主！这是我在公司任职以来获得的最大的一批订货呀。”

经理看了一下订单，满脸惊讶地说：“喂，你搞错人了吧？那个老头，在我们遇到的对手中，是最吝啬、最讨厌、最好吵架，而且是最爱说粗话的老色鬼！我们这15年来总想让他买点儿什么东西，可是那那个老头连1元钱的东西也没有买，总之，他从来没从我们这儿买一件东西。”

销售是与人打交道的工作。在销售过程中，销售人员要与形形色色的人打交道。这里有财大气粗、权位显赫的人物，也有博学多才、经验丰富的客户。销售员要与在某些方面胜过自己的人打交道，并且要能够说服他们，赢得他们的信任和欣赏，就必须坚信自己的能力，相信自己能够说服他们，然后信心百倍地去敲客户的门。如果销售人员缺乏自信，害怕与他们打交道，胆怯了，退却了，最终会一无所获。

美国作家爱默生说过：“自信是成功的第一秘诀。”销售口才固然重要，但好的口才背后一定还隐藏着更重要的东西，那就是自信。不先树立自己的自信心，只片面地强调口才，无异于舍本逐末。

如果你想在说话时底气十足、迅速赢得客户的心，最快、最有效的方法就是让自己建立自信。以下是帮助人们建立自信的几种方法：

1. 正确看待自己的优缺点

信心不足的人总是看到自己的缺点，而很少看到自己的优点。总喜欢用自己的缺点与别人的长处相比较，常常导致情绪低落，自信心缺乏。其实，我们不需要为自己的不足而整天自责，而要相信“天生我材必有用”，即使自己因失败而陷入自责时，请你提醒自己，换一个角度看问题，把它变成表扬。心理学家告诉我们，做自己的伯乐，善于发现自己的优点，及时激励自己，你的自信心一定会大增。

2. 当众发言

拿破仑·希尔曾说：“有很多思路敏锐、天资高的人，却无法发挥他们的长处参与讨论。并不是他们不想参与，而只是因为他们缺少信心。”要想增强自己的信心及锻炼口才，就要在众人面前慷慨陈词，即使说错了，你也会增加自信。只要努力在众人面前大声说出自己的想法，你就可能成为一个更好的公共场所发言者，对自己的想法也会更自信。

3. 学会自我激励

人的自信是一种内在的东西，需要由你个人来把握和证实。所以，在建立自信的过程中，一定要学会自我激励。自我激励，就是要给自己一个习惯性的思想意念。别人能行，相信自己也能行；其他人能做到的事，相信自己也能做到。平时要经常激励自己：“我行，我能行，我一定能行。”“我是最好的，我是最棒的。”特别是遇到困难时要反复激励告诫自己。这样，就会通过自我积极的暗示机制，鼓舞自己的斗志，增加心理力量，使自己逐渐树立起自信心。

4. 睁大眼睛，正视别人

不敢正视别人，意味着自卑、胆怯、恐惧；躲避别人的眼神则反射出阴暗、不坦荡的心态。正视别人等于告诉对方：“我是诚实的，光明正大的；我非常尊重你。”因此，正视别人，是积极心态的反映，是自信的象征更是个人魅力的展示。

5. 提升自己的外在形象

俗话说“人靠衣着马靠鞍”，一身光彩的衣着，是你建立自信的基础。例如，一袭长裙会使得一个女性的举手投足都显得亮丽、迷人。因此，漂亮的仪表能够得到别人的夸奖和好评，提高人的精神风貌和自信心。所以，女性朋友平时要学会多注意自己的仪表，保持发型美观，衣着整洁、大方。当你的仪表得到别人的夸赞时，你的自信心一定会油然而生。

6. 轻易不要放弃

信心是在不断的努力、不断的进步中逐步建立的，中途放弃、半道而废，是造成我们缺乏自信的重要原因。所以，凡是我们认为应该做而且已经着手做了的事情，就不要轻言放弃。

7. 加快你走路的步伐

心理学家认为，借着改变姿势与速度，可以改变心理状态。你若仔细观察就会发现，身体的动作是心灵活动的结果。那些遭受打击、被排斥的人，走路都拖拖拉拉，完全没有自信心。普通人有“普通人”走路的模样，做出“我并不怎么以自己为荣”的表白。另一种人则表现出超凡的信心，走起路来比一般人快，像跑。他们的步伐告诉整个世界：“我要到一个重要的地方，去做很重要的事情，更重要的是，我会在15分钟内成功。”使用这种“走快25%”的技术，抬头挺胸走快一点，你就会感到自信心在成长。

真诚对待客户，方能取得客户信任

俗话说，“精诚所至，金石为开”，只要人们抱定真诚的态度，就可以无坚不摧，没有办不成的事情。把这个道理运用到销售中，让对方知道你真诚的合作愿望，这样会让你的客户在心理上得到极大的满足感，他会认为与你合作非常放心，因为你的态度很诚挚、自然，这样就会很容易促成销售的成功。

松下幸之助是日本著名的企业家和成功人士。在他小的时候，由于家境贫寒，9岁的时候就外出打工了。他到了大阪，在一家自行车店当学徒。少年松下勤奋、诚实，做事肯动脑筋，受到老板和大师傅们的喜爱。但是，由于他年纪小，只能干些杂活。而年少有志的小松下却一边打杂，一边留心学手艺。师傅们在干技术活的时候，他总是会留心地看，并记在心里，渐渐地学了不少的东西。

就这样松下在自行车店里一连干了好几年。当时推销自行车是店里最重要的事情。松下也渴望着有一天自己能亲自去推销。于是每当老板或大师傅们向顾客推销自行车的时候，他总是羡慕地站在一边，认真地看着、听着。

很快机会就来了。一天，一位富商派人到店里来，准备买一辆自行车，并且急着要看货，而此时其他大师傅们都不在，老板只好让15岁的松下去试试。松下想到自己终于可以推销自行车了，于是十分兴奋，他吃力地背起一辆自行车满怀激情地向富商家走去。

见到买主后，松下竭尽所能地根据自己学到的东西，不厌其烦地介绍着自行车的性能和优点。虽然之前他觉得自己已经完全掌握，但是由于第一次实践，所以他说起来还是很吃力，显得结结巴巴的。但是在整个推销的过程中小松下却一直保持着充足的热情，态度十分真诚。

富商听完松下吃力的介绍后面带微笑地对他说："真是个热心可爱的好孩子。好吧，我决定买下了，不过要打九折。"讨价还价、商品打折是很常见的事情，于是松下想都没想就立刻答应了。

但是当松下欣喜地飞奔到店里向老板报告了"好消息"后，老板却很生气，他板着脸说："谁叫你以九折出售的？你再去买主家，告诉他只能减价5%。"松下遭受了当头一棒，心里充满了委屈。但是松下已经和买主许下承诺，如果再到买主那里讨价，实在令他难以启齿。于是他只好请求老板答应以九折出售。说着说着，不禁泪水夺眶而出，甚至放声大哭起来。

这时老板也不知如何是好，毕竟松下还是个孩子。后来富商了解到情况后，被小松下的真诚深深地打动，不仅同意以减价5%购买自行车，还许诺只要小松下在店里一天，他就绝不会到别的店里买自行车。

松下幸之助的成功，在于真诚的说话态度。唯有真诚之心才能打动人心，以真诚之心对待他人，我们才能获得他人的信任，建立良好和谐的关系。

真诚，不论对说话者还是对听话者来说，都非常重要。若不真诚待人，等于欺人、愚人，若轻信他人不实之词，可能会耽误大事，造成不良后果。

说话的魅力并不在于你说得多么流畅，滔滔不绝，而在于你是否善于表达真诚。最能推销产品的人并不一定是口若悬河的人，而是善于表达真诚的人。当你用得体的话语表达出真诚时，你就赢得了对方的信任，建立起人际信赖关系，对方也就可能由信赖你这个人而喜欢你说的话。

日本企业家小池先生出身贫寒，20岁时在一家机械公司担任销售员。有一段时间，他推销机械非常顺利，半个月内就达成了25位客户的业绩。

可是有一天，他突然发现自己所卖的这种机械，要比别家公司生产的同性能机械贵了一些。

他想："如果让客户知道了，一定会以为我在欺骗他们，甚至可能会对我的信誉产生怀疑。"

深感不安的小池立即带着合约书和订单，逐家拜访客户，如实地向客户说明情况，并请客户重新考虑是否还要继续与自己合作。

这样的行动，使他的客户大受感动，不但没有人取消订单，反而为他带来了良好的商业信誉，大家都认为他是一个值得信赖且诚实的销售员。结果，25位客户中不但无人解约，反而又替小池介绍了更多的新客户。

由此可见，说话真诚的人，能得到别人的信任。把你的真诚注入销售之中，把自己的心意传递给对方，当听者感受到你的诚意时，他才会打开心门，接收你讲的内容，彼此之间才能实现沟通和共鸣。

真诚的语言，不论对说话者还是对听话者来说，都至关重要。说话的魅力，不在于说得多么流畅，多么滔滔不绝，而在于是否善于表达真诚。最能销售产品的销售员，不见得一定是口若悬河的人，而是善于表达自己真诚情感的人。

世界著名推销员齐藤竹之助认为，即使语言笨拙，但只要能与对方坦诚相见，就一定能打动对方的心灵。顾客不是为你的推销技巧所感动，而是为你的高尚人格所感动。如果成为让顾客信任的推销人员，你就会受到对方的喜爱，而且能够和顾客形成亲密的关系。一旦形成这种关系，顾客就会自然而然地购买你的产品。

一个销售员能成功，很多时候并不在于他能滔滔不绝地吹嘘自己，而是他能为客户着想，关心客户的利益，用自己的真诚换来了客户的信任。其实，在这个世界上并没有绝对的正确和绝对的错误，有的只是一个人所站的立场不同。只有你认为对，这个世界就是对的。因此在与客户交谈的过程中，销售员要经常站在客户的立场去为他说几句话，经常主动地去理解客户，真诚地认同客户的话，即使客户的观点有点不符合事实，销售员也不需要仅仅凭借自己的主观意见去指责或说客户的不是。只有当我们真诚地关注客户时，我们才能获得客户的关注。客户也会为你的真诚话语所打动，从而愿意购买你的产品。

发挥数字魔力，用数据说服客户

数字是一种语言符号，一种语言信息。我们生活在数字的世界里，我们每天所见、所闻与所思的一切，几乎没有不涉及数字的。数字是用来显示某种情况统计计算的结果的，因此，它们能给人们留下深刻的印象，并且极具说服力，容易把理说透。尤其是它有证据的效应，这是孤立的事件所不可比拟的。如果在说服过程中能巧妙地运用数字，将会取得事半功倍的效果。所以很多深谙销售技巧的人在关键时刻，尤其是正规的商业场合都会借助数字来说话。

销售人员："您好，请问，王经理在吗？"

王经理："我就是，您是哪位？"

销售人员："我是公司打印机客户服务部的，我这里有您的资料记录。你们公司去年购买了打印机，对吗？"

王经理："哦，对呀！"

销售人员："保修期已经过了7个月，不知道现在打印机使用的情况如何？"

王经理："好像你们来维修过一次，后来就没有问题了。"

销售人员："我给您打电话的目的是，这个型号的机器已经不再生产了，以后的配件也比较昂贵，提醒您在使用时要尽量按照操作规程，您在使用时阅读过使用手册吗？"

王经理："没有呀，不会这样复杂吧？还要阅读使用手册？"

销售人员："其实还是有必要的，实在不阅读也是可以的，但机器的寿命就会降低。"

王经理："我们也没有指望用一辈子，不过，最近业务还是比较多，如果坏了怎么办呢？"

销售人员："没有关系，我们还是会上门维修的，虽然收取一定的费用，但比购买一台全新的还是便宜的。"

王经理："对了，现在再买一台全新的打印机什么价格？"

销售人员："要看您要什么型号的，您现在使用的是公司3800型号的，后续升级的产品是5800型号的，不过要看一个月的打印量。"

王经理："最近的打印量开始大起来了，有时候超过10000张了。"

销售人员："要是这样，我还真要建议您考虑5800型号了，5800型号的建议使用量是一个月A4正常纸张15000张，而3800型号的建议月使用纸张是10000张，如果超过了会严重影响打印机的寿命。"

王经理："你能否给我留一个电话号码？年底我可能考虑再买一台，也许就是后续产品。"

销售人员："我的电话号码是8520转123。我查看一下，对了，您是老客户，年底还有一些特殊的照顾，不知道你何时确定要购买，也许我可以将一些好的政策给您保留一下。"

王经理："什么照顾？"

销售人员："5800型号的，渠道销售价格是10100元，如果作为3800型号的使用者购买的话，可以按照8折来处理，或者赠送一些您需要的外设，主要看您的具体需要。这样吧，您考虑一下，然后再联系我。"

王经理："等一下，这样我要计算一下，我在另外一个地方的办公室添加一台打印机会方便营销部的人，这样吧，基本上就确定了，是你送货还是我们来取？"

销售人员：“都可以，如果您不方便，还是我们送过去吧，以前也去过，容易找的。看送到哪里，什么时间好？”

……

后面的对话就是具体落实交货的地点、时间等事宜了，这个销售人员只是打了一个电话，用了大约30分钟，就完成了一台打印机的销售。在这段对话中，销售人员在介绍打印机时，没有离开过数字，从非常专业的角度为客户介绍新的打印机，并提示公司的优惠政策，因而取得成功是非常自然的事。

在向客户介绍产品、提供服务时，适当结合一些实际的数字来进行说明，会让自己的话更具权威性，更有专业说服力。并且，客户相信这些数字会给他带来真正的帮助，那么他就会主动加深与你的联系，进而相信你帮他做出的选择。这就是数据的力量！

很多时候，客户对推销员本能地存在一种怀疑心理。这时候如果推销员能够拿出一系列统计数字，用数字来说话，相对来说就更容易说服客户。

有那么几年，全世界各地飞机经常失事，对经常外出旅行讲学者来说，感到恐惧万分。

有天在航空公司买机票时，有人开玩笑地向一位职员说：“这样常常失事，有天给我碰上了，可就糟了，我看我还是自己开车子，长征讲学吧！”

这位职员不以为然地说：“先生，因为飞机失事是件太严重、太不寻常的事，所以难得有一次便惊坏了旅客。其实，飞机出事的比率，比起中奖券还要困难得多，简直百万分之一都不到。”

“奖券也期期有中呀！难道飞机失事也班班有？”

“不可能，不可能，飞机引擎在头几年，故障的概率更是要相对减少，正确地说，飞机失事比率十亿分之一都不到。”他充满自信地解释。

这位职员这样一说明，用数字一比方，乘客镇定了，不安全感一扫而空，这乃是“数字”的魔术。

用数字说话，既显得专业，又能给人以信任感。很多人都确信了数字。在美国，提供各种数字的“市场调查”公司，便有350家之多，而且，有1006家大的工商业，其本身便设有调查部门。英国政治学家迪斯莱有过如此的名言：“谎言有三种，单纯谎言、令人讨厌的谎言和数字。”在销售中使用数字，可以将讲话内容变得更加丰富具体，使用翔实的数字、数据可以让你所说的话显得更加真实，更加有说服力。内容明确、具体、实在，才能让别人感兴趣。如果只是笼统地介绍，往往会让人觉得不可信赖。

用数字来支持你的观点，你将更有说服力。虽然数字是枯燥无味的，但有经验的销售员却知道，数字自有一种非凡的力量，如果能巧妙地加以利用，就能发挥出意想不到的作用。

但由于数字本身是一种符号，容易让人产生麻木或厌烦的感觉，所以使用时要明智而审慎。在使用前，需要注意以下几个方面：

1．所使用的引述的准确性；

2．它是否来自专家的专门知识领域？

3．引述的对象是否为听众所熟知或尊敬？

4．引述的资料是否肯定是第一手资料？

使用数字来说服别人的时候，还有一点需要注意：如果只提起数字、数量本身，是不会给人留下深刻印象的，它们必须辅以实例。倘若可能，还必须加上我们自己的经验来讲述，或者设法为枯燥的数字注入生命。这就是说，要让数字所代表的事实能成为一般人生活经验中的一部分。只有这样，人们对数字才感到亲切，也才能产生兴趣。举例来说，下面的第一种数字陈述方式若能改为第二种陈述方式，则其影响力将显著加大：

方式一："假如各位接纳我的提议，则公司每个月至少能节省67453750元的开支！"

方式二："假如各位接纳我的提议，则公司每个月至少能节省67453750元的开支！从另一个角度来说，倘若这项节省下来的开支，能以加薪的方式平均分配给公司的每一成员，则每一个人每一个月的工资将增加3500元！"

数字的说服力是很惊人的。如果你想自己的话有说服力，必须列出具体数据，仅有漂亮的外表而无内容的话是不会吸引人的，马克思说过："一种科学只有在成功地运用数学时，才算达到真正完善的地步。"说话时，借助数字和数学方法对客观事物进行精确计算和定量分析，有助于人们准确地掌握情况，进一步加深理解。因此销售员应学会用数字说话。

熟练运用专业语言，客户才会信任你

作为一名销售人员，在面对客户的时候，怎么样的谈话方式才能体现自身的素质呢？这是一门技术，同时也是一门艺术，很多实例及实践证明，一个优秀的营销人员必定具备丰富的专业知识和娴熟的谈话艺术。

商场里出现了这样一幕：

"小姐，这台冰箱为什么比那一台贵那么多？"一位顾客问道。

"因为这台比另一台要好一些。"售货员小姐答道。

“这个我清楚，可是我想知道的是，究竟好在哪里？它有什么突出的优点，要值那么多钱？”顾客不依不饶。

“嗯，这个我不清楚，我只是负责卖的。”

对于销售人员来说，仅仅博得客户的好感是不够的，更重要的是赢得客户的信任，使其购买你的商品才是最终目的所在。因此，有关商品的专业知识是销售人员必须掌握的。业务素质应该是销售人员的基础“硬件”。

有一对正准备结婚的恋人，来到某电器集团公司的展销部购买电冰箱。这对恋人围着某某牌国产电冰箱转了好久，男的正准备掏钱付款的时候，女方突然改变了主意。

“我看，我们还是去买日本的东芝牌冰箱吧！”

“你怎么又变卦了，原来不是说好的吗？”

“我看这种国产冰箱质量不保险，不如日本的好。不过是多花千把块钱就是了。”

这时候，站在一旁接待他们的销售人员，眼看到手的生意没了，后悔自己刚才那么耐心地给他们解说都白搭了。心里一急一气，便脱口而出：“得了，得了，你不买早说，就别问这问那。日本的好，你们又有钱，去日本买好了，干吗上这儿来？”

这对恋人一听，转身就想走。这时候，销售主管微笑地走了过来：

“两位请留步。我有几句话要对两位说。真对不起，刚才我们的销售人员说话没有礼貌，冲撞了两位。这都怪我这个主任，平时管理不严，我向二位赔礼道歉。”

这对恋人听他这么说，才平息了怒气。“至于买不买我们的冰箱都没有关系，只是有一件事要向两位讨教一下。”

听到“讨教”两字，这对恋人真的认真起来了。

“刚才这位小姐说，我们的冰箱质量有问题，是否可以具体说明一下，也便于我们改进工作。”

小姐冷不防给主任这么一问，一时不知如何作答，迟疑了一会儿，才吞吞吐吐地说：“我也是听人说，东芝牌的冰箱好。”她指着冰箱背后的散热管，继续说：“这些弯弯曲曲的管子都露在外面，也不好看。”

主任听她这么说，心中明白了几分。“小姐，这完全是误会。当然，东芝牌电器历史长、牌子老，有许多优点。但是，我们国产冰箱近些年来也有很大的进步，你们刚才看的这种冰箱，正在走向国际市场。”

这对恋人将信将疑，主任接着说：“我们的冰箱经过周密的计算，将散热管暴露在空气中，散热的速度可提高一倍，由于热量散得快，所以冰箱内部制冷的速度快，达到提高效率、节约电能的目的。实验结果表明，与同等容积的密封式冰箱相比，我们的冰箱耗电量仅是它们的1/3。如果一天省半度电，小姐请你算一下，1年省多少电费？”

主任换了口气继续说：“至于说到美观，这是不必要的顾虑。因为散热管在冰箱背后，紧靠墙壁或在墙角之间，对于正面观看，毫无影响，请两位放心。”

这位小姐此时无话可说。这时主任又趁热打铁：“我看这样好了，你们若信得过我的话，下午我派车给你们送去。喏，这是单据，请到那边取发票和保修单。”

现在社会发展速度非常快，人们的素质越来越高，销售员面对的客户越来越多是受过良好教育和具有更多需求的客户。他们往往会提出更苛刻的问题并要求对他们的问题提供更加精确的解决方案。而且，在讲究效率的时代，客户也希望与组织良好、见多识广能用战略思想解决复杂需求的销售员打交道。

因此，销售员日益成为客户需求和问题的诊断师。越来越多的销售员认识到，成为产品专家与他们所销售的产品质量同等重要。

对于销售员来说，你必须让客户觉得你是他们的专家、顾问，你是用产品或服务来帮客户解决问题的人，而不仅仅是销售员而已。销售的成功需要以说服客户、使他们赞同自己销售的产品是能够帮助他们解决问题的一种工具或能够满足他们的需要为前提，而专家、顾问这个特质在客户的眼里看来就有着一种无形的说服力。

所以，销售员必须通过不断的努力，使自己成为自己所销售的产品的专家，要花充分的时间了解产品或服务，彻底了解产品的每项细节及市场竞争对手。这样，你对于所销售产品的所有特点与利益、优点与缺点、优势与劣势都会非常清楚，面对客户的提问，你的回答就会显得非常专业，从而更容易获得客户的信赖。

李莉是布料厂的一名销售人员。一次，她的一位服装厂的客户方先生打来电话，要和她取消合约。李莉赶紧到方先生所在的服装厂了解情况。

方先生见了李莉，很生气地说道："李莉，我们不想再购买你们的布料了！"

李莉："为什么啊？以前不是好好的吗？"

方先生："你们这批布料的质量实在太差了！"

李莉："您是指哪方面的质量问题啊？"

方先生："你可以到我们的生产车间看看，你们的布料正在褪色！”

李莉心想：现在与他争辩，肯定不会有什么好结果，还是先去看看再说。于是，李莉跟着方先生来到生产车间。李莉通过观察，找到了布料褪色的真正原因。于是，她转身向方先生说：“我同意您的说法，这些布料确实褪色了。”

等到方先生平息了怒气，李莉继续说道：“如果是我，这些布料褪颜色了，我也会要求退货的。”

方先生：“是的。你曾经说过，只要我们的机器与布料接触面的温度不超过25摄氏度，它们就不会褪色。”

李莉点了点头，然后问道：“请问贵厂的室内温度是多少？”

方先生：“大约30摄氏度吧！”

李莉笑道：“这就是问题所在了。”这时，方先生恍然大悟。

面对客户的异议，李莉并没有冲动地与对方辩论，而是在充分调查了解的基础上，用专业的眼光来分析问题，让客户自己发现问题，这样就心平气和地解决了问题。

对于任何一个销售员来说，不仅应熟悉自己的产品，更为重要的是应成为产品应用专家，尤其当所销售的产品比较复杂的时候。

如果说，一名出色的销售员95%靠的是自身的热情，剩下的5%靠的就是产品知识。因此就不难得出销售员成为产品专家的意义了。销售员必须能够回答客户提出的一些问题，做到毫不迟疑、准确无误地说出产品的特点，并能够熟练地向客户展示产品。当然，做到这几点必须要具备专业的丰富的产品知识，自己才能够信心十足，才能相信自己的产品，也才能产生足够的热情，从而成为销售专家。现在，很多顶尖销售员最引以为傲的并不是自己的销售业绩，而是他们在其产品或服务方面储备的丰富知识。

由此可见，熟悉本公司产品的基本特征，使自己成为产品专家，是销售员的一项基本素质，也是成为一名优秀销售员的基本条件。销售员在进行推销之前，一定要充分了解产品的一些常见的基本特征。

1. 要非常熟悉产品的名称

有些产品的名称本身就具有特殊的含义。由于这些名称就包含了产品的基本特征，并且有可能也包含了产品的特殊性能等，所以销售员必须充分了解这些内容。

2. 清楚产品的技术含量

产品的技术含量指的是产品所采用的技术特征。一个产品的技术含量的多少，销售员应该了解清楚，从而在对客户进行推销时，扬长避短，引导客户认识产品。

3. 掌握产品的物理特征

产品的物理特征包括产品的规格、型号、原料、质地、外形、颜色及包装等。

4. 明白产品的效用

销售者应该清楚自己所推销的产品能够为客户带来什么样的利益，这也是应该是重点研究的地方。

5. 注重品牌价值

随着客户的品牌意识不断提高，对于很多领域内的产品，客户比过去更加注重产品的品牌知名度。由此可见，品牌效应是很重要的。

6. 清楚产品的性价比

一些比较理智的消费者会着重考虑性价比这一因素，尤其是他们在购买一些价格相对比较高的产品时，这种考虑会更加深入。

7. 了解产品的特殊优势

产品的特殊优势指的是产品所蕴含的一些新功能，尤其指其他产品所无法提供的功能等。

8．加强自身的服务意识

现在的客户越来越关注产品的售后服务了，事实上，产品的服务不仅指的是售后服务，还包含销售前的服务和销售中的服务等。

9．全面掌握本公司的情况

作为一名销售员还要全面掌握自己公司的情况。在实际销售工作中，很多销售员可能会认为：我自己推销的是产品又不是公司，掌握那么多的事情有必要吗？因此，总是会忽略掉对公司相关情况的注意。事实上，大家应该换个角度来考虑，销售员相对于顾客来讲，他代表的就是公司，如果他不能对有关公司的问题迅速做出明确地回答，那么就会给客户留下“公司不大，没有什么名气”或“公司名声不好”等印象，自然就会对销售员的业绩和公司的名誉产生不小的影响，从而最终导致公司和销售员在利益上都受损的结果。

为客户着想，站在客户角度说话

美国汽车大王曾经说过这样一句话：“成功是没有秘诀的，如果非要说有的话，那就是时刻站在对方的立场上。”多为别人着想，多了解了别人的想法，这不仅仅有益于你和别人沟通，最重要的还是你借此知道别人的“要害点”，做到有的放矢。如果学会时时站在客户的角度上看问题，沟通的顺利程度将会超出你的想象。

销售最好的办法，就是先站在客户的立场发言。下面这个案例就充分说明了这一点。

青岛一家电器公司的推销员挨家挨户推销洗衣机，当他到一户人家里，恰好这户人家的太太正在用洗衣机洗衣服，就忙说：“哎呀！你这台洗衣机太旧了，用旧洗衣机是很费时间的。太太，该换新的啦！”

结果，还没等这位推销员说完话，这位太太马上产生反感，驳斥道：“你在说什么啊！这台洗衣机很耐用的，我都用了六年了，到现在还没有发生过一次故障，新的也不见得好到哪儿去，我才不换新的呢！”这位推销员只好无奈地走了。

又过了几天，又有一名推销员来拜访，简单的沟通后，他初步了解了太太的心理，便说：“这是一台令人怀念的洗衣机，因为很耐用，所以对太太有很大的帮助呀。”

这位推销员先站在太太的立场上说出她心里想说的话，使得这位太太非常高兴，于是她说；“是啊！这倒是真的！我家这部洗衣机确实已经用了很久，是有点旧了，我正在考虑要换一台新的洗衣机呢！”

于是推销员马上拿出洗衣机的宣传小册子，提供给她做参考。

第二位推销员用了这种说服技巧让推销一举成功。

站在对方角度来推销产品确实是一条捷径。要搞好销售不仅要深入市场调查，了解用户需求，还要研究客户的心理，主动与客户进行感情交流，达到心灵沟通，让客户感到你不是在向他们推销业务，而是在关心他、想着他，为他提供方便。这样客户才会认可你的产品和服务。

销售人员小李就是一个非常为客户着想的人，他在销售的过程当中所坚持的原则就是“做生意先做人”，坚持时刻为客户着想，站在客户的角度上真诚地替他们考虑。也正是因为这样，小李的销售业绩在公司里总是非常出色的。

一次，一个外地客户打来电话询问一些他们想要购买的机器的价格等情况。小李听了客户的介绍之后，感觉到客户要求配置的机型并不是非常合理，虽然按照客户的要求去做，他的销售额会很高，但是他却不打算这样做。小李在电话里向客户建议道："我刚才仔细看了您的数据，觉得您报的机型配置有点不合理了。当然，按照这样的配置使用起来是没有任何问题的，但问题是要达到同样的效果，机器数量和机型容量都可以减少一些，这样您投入的也会适当降低一些。"

"哦，是吗？"对方似乎有些惊奇地回答道，"但这些类型的机器是厂里规定采购的，而且这也是经过了好几个工程师的测算的，应该不会出现什么错误吧？"小李听到这里，心里感到一震，他甚至预感到可能会因为自己的专业水平不足而失去这单生意了。但是小李还是心有不甘，在挂断电话之后他又与公司的工程师一起做了一份详细的技术说明和可行性分析报告，并通过邮件发到了对方的邮箱里。

一个星期过去了，对方终于来电话了，对方甚至还有些兴奋地告诉小李："其实我在之前已经打了很多电话咨询，可是没有一个人能够像你这样给我讲得这样详细，而且还不忘为我们着想。我现在就把合同传给你，而且我们公司也决定，你们就是我们的长期供货商了！"

从这个例子我们不难看出，小李正是坚持了"为客户着想"的理念，最终赢得了客户的信任。事实证明，当你真诚地为客户考虑了，让客户感受到了关心，客户才会和你达成交易，甚至和销售员建立长期的伙伴关系，实现彼此的双赢。

站在客户的立场，处处为客户着想，首先就要假设自己是客户。假设自己就是客户，你想购买怎样的产品和服务？自己真正需要的是什么？会如何要求售后服务？这样就能让自己站在客户的立场去看待问题。公正地为客户着想，首先要对自己的产品有信心，而且知道面前的这个客户是不是需要购买这个产品。不要向一个不抽烟的人销售烟灰缸，因为他不需要这个。

销售员站在客户的立场上，就比较容易抓住销售的重点。事实上，大多数销售员对客户所持的态度，与我们所要求的设身处地为客户着想相比，还有很长一段距离。他们最典型的态度往往是："对于客户为什么要购买那些产品或服务，对此一点也不感兴趣。重要的是，顾客买了产品或服务，而我则拿到了钱。"如此的心态，能够培养忠实购买你的产品的回头客吗？显然不能！要想取得客户的信任，关键是要让客户感受到你为他服务的良好态度，是否处处为客户着想，是否站在客户的立场上去看待问题，帮助客户去解决问题。在与客户交往的过程中，要特别注意的就是设身处地地为客户着想，在为客户提出任何意见和建议时，都要告诉客户这样做对他的好处。

张先生随访问团到了纽约，他在城中的一家玩具店里看中了两个玩具，一个是非常漂亮的毛绒米老鼠，一个是男孩子喜欢的汽车模型。于是他询问起价格，打算买给自己的双胞胎儿女。

可那位销售人员却问他："先生，您来自中国吗？"

"是的。"张先生疑惑地想，难道国籍和买东西有冲突吗？

销售人员诚恳地说："先生，如果您来自中国，我建议您就不要买这个毛绒米老鼠了！"

"为什么？"

"因为这是中国生产的。"说完，销售人员特意给张先生看了看

“中国制造”的标识。

销售人员接着说：“您可以买这个新款的芭比娃娃，是刚刚上市的，国外还没有卖，女孩都很喜欢的。”

最后，在这位销售人员的建议下，张先生买了两个新款的芭比娃娃和一个汽车模型。

不管是在购买商品时，还是在享受服务时，客户往往都是以“自我”为中心的，他们首先想到的是自身的利益，希望通过购买商品来解决自己的问题。所以客户关心的是自己，如果销售员在推销的时候，能够站在客户的角度去考虑问题并介绍产品，为客户想想，多为客户打算，让客户感到你的关心，客户就会主动降低自己的心理防线，对你产生信任，特别乐意接受你的商品和服务。因此，销售员要懂得推销不是给客户传授知识和说教，而是为其提供服务和帮助，为客户解决问题和困难的，这样才能真正赢得客户的心。

人贵言重，巧妙利用权威效应

心理学上有一个权威效应，又称为权威暗示效应，是指一个人要是地位高，有威信，受人敬重，那他所说的话及所做的事就容易引起别人重视，并让他们相信其正确性，即“人微言轻、人贵言重”。

有一个著名的心理学试验就验证了这种“权威效应”：

在美国某大学心理系的一堂课上，一位教授向学生们介绍了一位新来宾——“施米特博士”，说他是世界闻名的化学家。施米特博士从皮包中拿出一个装着液体的玻璃瓶，说：“这是我正在研究的一种物质，它的挥发性相当强，当我拔出瓶塞，它马上会挥发出来。但它完全无害，气味也小，没什么刺激性。当你们闻到气味，就请立刻举手。”

说完话，博士拿出一个秒表，并拔开瓶塞。一会工夫，只见学生们从第一排到最后一排都依次举起了手。但是随后，心理学教授告诉学生们：施米特博士只本校的一位化学老师乔装扮成的，而那种物质只不过是蒸馏水。

这个实验中，人们宁可相信权威的“施米特博士”也不愿意相信自己的鼻子，这是多么荒唐啊！同时这也验证了权威对我们的影响力要超出常人。一个人如地位高，有威信，受人敬重，那他所说的话及所做的事就容易引起别人重视。

举个简单的例子，假如你眼部不适，到医院就诊，在其他条件相同时，有一位眼科专家和一位刚从医学院毕业的年轻大夫供你选择，你会选择哪个呢？相信你一定会选择眼科专家。

假如你要报一个作文培训班，你是愿意上一个由著名作家来授课的班，还是愿意上一个刚从中文师范专业毕业的年轻老师的班？相信在一般情况下，你会选择著名作家。

这些都说明，权威对我们的影响力要超出常人。有人群的地方总会有权威，人们对权威普遍怀有尊崇之情，人们对权威的深信不疑和无条件遵从，会使权威形成一种强大的影响力，利用这种权威效应则可以在很大程度上影响和改变人们的行为。在销售员进行销售的时，“权威效应”同样奏效。

比如鞋店老板受到投诉最多的是客户总抱怨左脚的鞋不好穿或者觉得两鞋子大小不一样。投诉是商业买卖中司空见惯的现象。面对这种情况，如果不处理好客户的抱怨，最终会导致客户要求替换一双新的鞋子或者客户直接退货。如果长此下去，难免因商品亏损而破产。这种时候，店老板只要以权威的口安慰客户说：“您是知道的，一般来讲，人的左脚总是要比右脚大一些。”这样来，大多数的客户都能在心理上接受。

这是专业化的建议和劝说，采取的是利用“权威效应”对客户进行暗示的心理谋略。此方法非常奏效。 客户对自己没有把握的产品，如果行家断言是正确的，那么客户便会对该品的质量和信誉深信不疑。因此，商店在面对客户投诉的时候，与其让普通店去处理，不如老板亲自接待，效果会更好一些。

在现实生活中，人们往往喜欢购买各种名牌产品，因为它有明星的代言，有威机构的认证，有社会的广泛认同，这样可以给人们带来很大的安全感；还有生们在购买参考书和练习试题时，也是选择有名的出版社，著名的专家推荐的，他们认为从权威这里可以获得更多的益处。这都是在销售过程中，权威效应起到的巨大影响力。因此，如果销售员能够巧妙地运用权威引导力，则能对销售起到很大的促进作用。

例如，“某某明星从××年开始就一直使用我们公司的产品，到现在为止，她已经和我们公司建立了5年零6个月的良好合作关系。”“这是某次奥运会的指定产品，仅那次奥运会就使用了68720箱这种产品。”

权威机构的证明自然更具权威性，其影响力也非同一般。当客户对产品的质量或其他问题存有疑虑时，销售人员可以利用这种方式来打消客户的疑虑。例如，“本产品经过××协会的严格认证，在经过了连续9个月的调查之后，××协会认为我们公司的产品完全符合国家标准……”

李华是某机电工厂的销售人员。一次，在与一个客户进行商谈的时候，他发现对方是一个心思极为缜密的人，因此在向客户介绍商品的时候讲解得特别详细，在回答客户的咨询时也回答得比较有条理，同时还把客户的意见用小本子记录下来。

李华又给客户提供了一份商品的市场调查报告，便于他进一步了解自己商品的真实销售情况。对于这一点，李华很是自信，因为本公司的商品销量确实很好，在市场上也有一定的名气，对客户也很有说服力。

但在交谈过程中，李华发现客户对自己的商品质量还是有很大的疑虑。一连几次的回应都是：我们考虑一下、还要向领导请示一下等。

这下可把李华难住了，到底是哪里出了问题呢？无奈之下只好向经理做了汇报，并寻求帮助。

具有丰富实战经验的经理只回答了一句话：两天后，会有一份资料传真给你，你拿给客户。

李华收到文件后，按照经理的指示直接送到客户的桌上，客户高层研究后态度大变，爽快签约。

原来，那份资料是李华公司与客户所在行业中某家龙头企业的合作报告，并附带了该行业内权威专家的评价。客户看到这些极具权威效应的资料，才终于消除了疑虑，很放心地做出了购买的决定。毕竟有那么多权威的推荐和认可，自己也没有什么不放心的了。

上述例子中，李华所在的公司就是巧妙利用权威效应的影响，来赢得客户的认可的。看来，在劝说他人支持自己的行动与观点时，恰当地利用权威效应，不仅可以节省很多精力，还会收到非常好的效果。

权威效应是一种可以诱导他人心理的心理暗示，也是一种最常见的销售技巧。在销售中，销售员恰当地运用“权威效应”，便能够消除客户的一些顾虑，改变客户的一些想法，使客户更加确认买你的产品。这是个非常有效的方法。

第四章

有效推荐，让客户爱上你的产品

用客户听得懂的语言介绍产品

通俗易懂的语言最容易被大众所接受。无论你的话多么动听、内容多么重要，沟通最起码的原则是对方能听得懂你的话。所以，在销售的过程中，要多用通俗化的语句，要让客户听得懂你说的话。如果表达不清楚，语言不明白，对方听不懂你说的话，就可能会产生沟通障碍。

一天晚上，某书生被蝎子蜇了，他摇头晃脑地喊道："贤妻，迅燃银灯，尔夫为毒虫所袭！"连说几遍，他妻子怎么也听不明白。疼痛难忍的书生气急之下只好叫道："老婆子，快点灯，蝎子蜇着我啦！"这一则笑话是讽喻那些专会咬文嚼字、不注意口语化的人。

在沟通中，很多人也许因为习惯，也许因为想让别人觉得自己有才华，而过多地运用了一些专业术语。在听的人看来，他们不知道你在说什么，听不懂你的意思，就很容易让沟通陷入了僵局。在介绍产品的过程中，我们也会遇到这样的事情。表达不清楚，语言不明白，对方听不懂你说的话，就可能会产生沟通障碍。所以销售人员要多用通俗化的语句，要让自己的客户听得懂。如果客户听不懂你的方言，你要尽量用普通话；客户不明白你讲的术语或名词时，要转换成对方熟悉的、理解的语言等等。

有一个采购员被受命为办公大楼采购大批的办公用品，结果在实际

工作中碰到了一种过去从未想到的情况。首先使他大开眼界的是一个营销信件分报箱的营销员。这个采购员向他介绍了他们每天可能受到的信件的大概数量，并对信箱提出一些要求，这个营销员听后脸上露出了大智不凡地神气，考虑片刻，便认定这个采购员最需要他们的CSI。

“什么是CSI？”采购员问。

“怎么？”他以凝滞的语调回答，内中还夹着几分悲叹，“这就是你们所需要的信箱。”

“它是纸板做的、金属做的，还是木头做的？”采购员问。

“噢，如果你们想用金属的，那就需要我们的FDX了，也可以为每一个FDX配上两个NCO。”

“我们有些打印件的信封会相当的长。”采购员说明。

“那样的话，你们便需要用配有两个NCO的FDX转发普通信件，而用配有RIP的PLI转发打印件。”

这时采购员稍稍按捺了一下心中的怒火，“小伙子，你的话让我听起来十分荒唐。我要买的是办公用品，不是字母。如果你说的是希腊语、亚美尼亚语或英语，我们的翻译或许还能听出点门道，弄清楚你们的产品的材料、规格、使用方法、容量、颜色和价格。”

“噢，”他开口说道，“我说的都是我们的产品序号。”

最后这个采购员运用律师盘问当事人的技巧，费了九牛二虎之力才慢慢从他嘴里搞明白他的各种信箱的规格、容量、材料、颜色和价格。

由此我们可以看出，如果一个销售人员在推销自己的产品时，所用的语言都是专业术语，不能让客户清楚地知道产品的特性及用途，那么就很难成功的推销自己的产品。所以在销售过程中，销售人员要尽量使用浅显易懂的词语，切忌使用过多的“专业名词”，让客户不能充分理解您所要表达的意思。过多的专有名词会让客户摸不着头脑，无法产生共鸣，不会产生心动，没有心动，当然也就不会有购买行为。销售人员应该把一些术语，用简单的话语来进行转换，让人听后明明白白，才有效达到沟通目的，产品销售也才会达到没有阻碍。

有一位医生在一个健康知识讲座上解释横膈膜的时候是这样说的："横膈膜是这样一种东西，如果它被用来呼吸的话，将会明显地帮助肠子的蠕动，而这对你的健康有很大的好处。"结果没有一个人听懂了他的话。于是，那位医生重新作了一番解释：

"横膈膜实际上是一种非常薄的肌肉，它的位置在胸腔底部和腹腔顶部之间，它会随着胸腔和腹腔的呼吸而变化。当胸腔呼吸的时候，它会被压缩，就像一只倒置的洗刷盆；而当腹腔呼吸时，它就会被往下推，使它成一个平面，而此时肠胃会受到挤压。而它的这种向下的推力，会按摩和刺激腹腔的上部器官，比如胃、肝、胰等。当人们呼气的时候，胃和肠又往上推压横膈膜，这样的话，就相当于做第二次按摩。这种按摩有助于人体排泄。许多人的身体不舒服，主要是因为肠胃不适，而一旦我们的肠胃因为横膈膜的按摩而得到适当的运动，那么大部分的不舒服都会消失。"这一次，大家都听懂了他的话。

用客户听得懂的语言向客户介绍产品，这是最简单的常识。有一条基本原则对所有想吸引客户的人都适用，那就是如果信息的接受者不能理解该信息的内容，那么这个信息便产生不了它预期的效果。

销售人员对产品和交易条件的介绍必须简单明了，表达方式必须直截了当。表达不清楚，语言不明白，就可能会产生沟通障碍。此外，销售人员还必须使用每个客户所特有的语言和交谈方式。跟青少年谈话不同于跟成年人的交谈；使专家感兴趣的方式，不同于使外行们感兴趣的方式。这里有一个很好的例子可以说明使用适合客户的语言多么有效。

一对父子正在建设一座奶牛场，儿子管奶牛，父亲做细木匠，将赚来的钱投入奶牛场建设以扩大牛群，两人都指望有朝一日能靠这座奶牛场养老送终。这父子俩都承认，如果在今后10年内父亲发生什么意外，全家就不可能达成此目标，因为现在奶牛场尚不能靠一个人支撑下去，还需要额外提供资金。可是，当销售人员提到，为了给父亲购买足额的人寿保险，以保证他万一发生意外后他的保险金还能继续向牛奶场提供必需的资金，把牛群扩大到可以赢利的规模，有必要每年交一笔保险费时，全家人都表示反对，说他们没钱，办不到。销售人员马上换了一种说法来争取他们：“为了保证万一你们当家的遇到不幸你们能继续达到既定的目标，你们愿意把那两头牛的牛奶送给我吗？只当你们没有那两头牛好了。不管出什么天大的事，它们的牛奶都可以保证你们在将来一定能建成赢利的奶牛场。”结果，他做成了生意。

销售人员在与不同的客户谈话时，都应当认真地选用适合于客户的语言。然而，销售人员常犯的错误就在于，过多地使用技术名词、专有名词向客户介绍产品，使客户如坠雾里，不知所云。试问，如果客户听不懂你所说的意思是什么，你能打动他吗？

在销售过程中，用客户听得懂的语言进行产品介绍，是销售成功的保障。不要简单地认为所有人都和自己的认识、看法、高度是一致的，对待不同的人，要采取不同的模式，要用别人听得懂的“语言”进行销售。

卖点找对了，产品就卖出去了

从销售的角度来说，没有卖不出去的产品，只有卖不出去产品的人。因为聪明的销售员总可以找到一个与众不同的卖点将产品卖出去。产品卖点是指产品销售的独特主张，即产品具备的别出心裁或与众不同的特色、特点，也就是顾客购买该产品能够得到的具体利益点。独特卖点可以与产品本身有关，有时候，也可以与产品无关。独特卖点与产品有关时，可以是产品的独特功效、质量、服务、价格、包装等；当与产品无关时，这时销售的就是一种感觉、一种信任。

提炼一个好的产品卖点，可以引起消费者的强烈共鸣，并激发他们对产品的关注和好感。销售员跟顾客推介产品的卖点时，一定要结合顾客的实际需求和喜好，用顾客喜闻乐见的语言表达出来，在销售过程中灵活运用，把“要顾客知道”转化成“顾客要知道”。

销售员提炼产品卖点可以从产品自身的特色出发，以产品的外观、参数、性能、功能等为提炼平台，综合各品牌的产品卖点，从中寻找自身独有的市场亮点。卖点提炼主次要分明，主要卖点最多不要超过三个。卖点要简明且通俗易懂，销售员应该自己先吃透产品卖点，然后转化为顾客能够理解的口语化的文字。

曾经有一位售楼人员，有一次，她带着一对夫妻去看一幢老房子。当这对夫妻走进这幢房子的大院时，售楼人员注意到妻子很高兴地对她的丈夫说：“亲爱的，你看，这院子里有棵樱桃树！”

当这对夫妻走进房子的客厅时，发现客厅的地板已经非常陈旧，脸上顿时露出不悦的神情。售楼人员立即在旁边对他们说：“这间客厅的地板砖是有些陈旧，不过，你们没有发现吗，这幢房子的最大优点就是当你们站在窗边，透过窗户向外望去，就可以看到院子里的那棵樱桃树。”

当这对夫妻走进厨房时，他们发现厨房里的设备也很陈旧。售楼人员接着又说：“厨房的设备的确有点陈旧，但是，你们每次在厨房做菜时，向窗外望去，都可以看到那棵美丽的樱桃树。”

后来，他们又陆续发现了房子的不少缺点，但每次那位售楼人员都会强调：“没错，这幢房子是有不少缺点，但这幢房子有一个特点是其他所有房子都没有的，就是你们从任何一个房间的窗户向外看，都可以看到院子里的那棵美丽的樱桃树。”

最后，这对夫妻还是花了60万元买了那棵“樱桃树”。

在上面的事例中，“樱桃树”就是该房屋的最大卖点，所以销售员每次都会强调，加深了客户的印象，最终打动了客户的心。

销售人员在向客户介绍产品时首先要弄清楚，哪些是产品的基本性能特征，哪些又是产品的卖点。一般来讲，产品的性能特征就是指产品的具体事实，如产品的功能特点和具体构成，而产品的益处指的是产品对客户的价值，也就是该产品的卖点所在。在介绍产品时，要把产品的特征转化为产品的益处，如果不能针对客户的具体需求说出产品的相关利益，客户就不会对产品产生深刻的印象，更不会被说服购买。如果针对客户的需求强化产品的益处，客户就会对这种特征产生深刻的印象，从而被说服购买。

有一次，一位培训讲师接到中国移动的一名电话营销人员推荐“中文秘书服务”的电话。这位电话营销人员非常聪明，因为他能在很短的时间内抓住培训讲师对产品最感兴趣的地方进行有针对性的介绍，最后，培训讲师自然申请了这项服务。

具体对话如下。

电话营销人员：“李老师，您好！我是中国移动广州分公司的营业代表，我看过您写的书，您的书写得真的太好了，对我的工作帮助真的很大。”

客户：“谢谢你的鼓励。”

电话营销人员：“李老师，移动公司最近推出了一项新的服务——中文秘书服务，我觉得非常适合像您这样经常在外做培训的专业讲师，您现在使用了吗？”

客户：“我还是第一次听说。”

电话营销人员：“是吗？那算咱们有缘，我建议您不妨体验一下。”

客户：“你能详细说明一下吗？”

电话营销人员：“当然可以，李老师，我知道您经常做培训，而在培训时，一般是不可以随便接听电话的，对吗？”

客户：“是呀。”

电话营销人员：“李老师，如果是这样，当遇到重要客户打电话给您时，您如何处理呢？”

客户：“等课程结束后再回过去。”

电话营销人员：“那也是，我有一些从事培训工作的客户，他们说有时手机显示的是IP电话号码，这样就没法回复了，而且有时回过去是总机电话，问了半天也不知道是谁打来的，您怎么解决这些问题呢？”

客户：“那就只好再等对方打过来了。”

电话营销人员：“如果这样，一定会影响到您与客户的正常联系，是吗?

客户：“你刚才说的‘中文秘书服务’有办法解决这个问题吗？”

电话营销人员：“移动公司推出的“中文秘书服务”就是针对以上我们谈到的实际问题而专门开发的一项增值服务。这项服务让您在不方便接听电话时，将电话转到移动公司的中文秘书台，就好像是您有一个秘书在为您服务一样。而转到中文秘书台后，客户可以留言，也可以留电话号码，然后移动公司会把留言和电话号码及时以短信的方式发送到您的手机上，让您随时随地都知道是谁打电话给您的，以及找您有什么事情等，这样，对您来讲就方便多了，是吧？”

客户：“这项服务的收费情况如何？”

电话营销人员：“每月只收取10元的服务费，比您请个秘书划算多了，对吧？”

客户：“怎么办理呢？”

电话营销人员：“李老师，办理这个业务其实很简单，只要您现在同意，我马上就可以帮您办理。您看可以吗？”

客户：“好吧，你给我办理一个。”

看，一项买卖就这样成交了。在与客户的沟通中，销售员需要把自己的产品优势充分地展现出来，这样有利于打动客户。但销售员首先需要弄清楚，产品具备哪些卖点，也就是说要提炼出产品的卖点。

产品要拥有与其他同类产品不同的卖点，才会吸引客户在选择过程中选你的而不是他的。一个没有卖点的平庸产品是无销售优势的，其销售难度可想而知，这一点对市场销售人员而言无疑是最可怕的。所以在销售的过程中一定要突出产品的卖点，否则客户会问：“市场上产品这么多，我凭什么买你的，你的产品有什么好处？”

1. 卖点的提炼

（1）以品质作为卖点。对于客户来说，那些拥有卓越品质的商品，才是他们欣赏和购买的商品，因此销售员要充分理解商品品质的重要性。并且，商品的卓越品质是最好的营销点，也是最具说服力的营销手段，而没有品质保证的商品只能是昙花一现。

卖价高达十几元一对的金霸王电池就是以品质作为卖点，并在上面做足了文章的。厂家在各种广告片中总是宣传金霸王电池的“耐力第一”，给人们造成了一种其品质最好的强烈印象，从而为人们不惜高价来购买它创造了极佳的消费理由。

（2）以服务为卖点。在现当今的商业活动中，服务正成为令消费者是否满意的一个重要因素。如果客户得不到他所期望的或更好的服务，那么他可能就不会是你的回头客了。

“世界上没有十全十美的产品，但可以有百分之百满意的服务”海尔人的这一星级服务观点可以作为服务卖点的指南。

总而言之，销售员在为客户介绍时，就要体现出自己产品完善的售后服务。

（3）以技术为卖点。直白地说，所谓技术卖点就是“卖技术”或是“卖工艺”，就是在新产品的技术先进性上寻找产品的卖点，并提炼出差异化的概念。

商务通是通过海量的资料存储和快捷的查询，突出“科技让你更轻松”这一技术卖点。而受到客户喜爱海尔的“计时洗”热水器，运用新工艺解决了客户在使用热水器洗浴时不能掌握热水量的烦恼，以卖点“高科技，使您节电，安全还方便”凸显利益，从而不会受到客户的喜爱。

（4）以情感为卖点。以让消费者生情、动情作为产品的卖点。要知道能感动客户的产品卖点，肯定能让其购买。

当年，“丽珠得乐”的一句“其实，男人更需要关怀”曾感动许多客户的心。以从事演员、养路工人、摄影师、教师、建筑工人、货车司机六种职业的男人为主角的朴实广告，以情感为卖点，引发了社会话题，创造了品牌联想，并打开了注意之门，从而引起了客户的购买冲动。

（5）以特色为卖点。以特色作为卖点是最方便的，因为有特色就会引起客户的注意。

前些年，海尔集团为了拓展跨国市场，动脑筋、创特色、出卖点，对美国市场进行了大量的调查取证后，发现2.0升以上的大型冷柜品牌众多，竞争残酷激烈，而160升以下的小冷柜却是一个需求的空当。于是，抓住契机，发挥自身的价格适宜、设计新颖、质量高超的优势，一举推出了60~160升系列的小冷柜，结果一炮打响，仅在纽约的2个月就销售出了1万多台。

2. 提炼的原则

产品的卖点无处不在，如果要想提炼出来的话，那么思路首先要打开，不能紧盯着某一方面不放，正所谓“条条大路通罗马”。当产品本身实在没有卖点可提炼之时，不妨用突破性思维，从营销的各个层面去考虑。提炼产品的卖点，一般要遵守以下四项原则。

（1）人无我有。一般而言，此原则是指在产品导入期时，厂家新产品的功能卖点与竞争对手具有鲜明的区别，并且客户在销售员的引导下能够一眼看出。这时候介绍产品的卖点主要是将这些独特之处向客户一一指出即可，因为独有的销售卖点是给其留下深刻印象的最常用手段之一。

（2）人有我优。此原则是指随着新品炒作日益成熟，市场空间日益变大，这时竞争对手开始小批量或大批量生产同类产品，厂家为了保持市场份额及利润空间，针对市场竞争多元化的情况，采用新技术加快新产品的推出速度，并利用新技术或新概念来塑造新品的卖点，这时候卖点的提炼则是侧重产品与竞争品牌同类产品的技术差异及新技术给消费者所带来的全新利益点，必须将新品的“优”表现得淋漓尽致，产品的卖点提炼必须更具有人性化。

（3）人优我转。此原则是指随着产品的技术壁垒日益降低，各品牌产品的功能卖点、技术参数、外观严重同质化，各品牌产品在终端的区别越来越模糊，这时的卖点已经不再是单纯的产品自身卖点的提炼，而是侧重产品新概念上的提炼， 形成自己独有的销售主张。

3. 提炼的方法

产品的卖点提炼常用以下四个基本方法：

（1）从产品的外观上提炼。一般而言，产品外观提炼主要是从设计的风格、形状、款式、色调、材质及新技术等方面人手。

（2）从产品的功能上提炼。对于同类产品而言，各厂家的产品功能多是同中有异，故而应在提炼功能卖点上主要侧重这“异”字，使自己的功能卖点别具一格。但是，对于作为进攻或干扰竞争对手的产品，则应侧重异中求同，并在“同”字上做文章，以使提炼出的功能卖点能在终端起到于扰对手的作用。另外，对于不同系列产品的价格差异，要从产品的不同功能上进行解释说明。

（3）从产品的参数上提炼。一般而言，厂家为了确保产品的差异性，经常在同一技术参数指标上做细微的差别，而这一细微的差别正是厂家进行同类产品纵向比较的依托，而独有的技术参数更是产品的“亮点”。对技术参数的提炼，要注意把技术参数与客户的心理利益结合起来，并且讲解词要通俗易懂，富有督促力，从而能让客户产生共鸣。

（4）从竞争对手的市场推广概念上的提炼。当各品牌的产品在功能设置、技术参数指标、产品性能、外观包装及市场推广手段等严重同质化时，客户在终端选购商品时会表现得更加迷茫，而产品在终端的角逐最终转向了

“智斗”，即主要表现在对品牌、产品定位及客户的心理诉求上进行综合性的概念提炼。每个品牌都有自己独特的消费诉求概念，为了使自己的概念能更加吸引客户，更鲜明地与竞争对手进行概念区分，就应先对竞争对手市场推广的新概念和新手段，进行全方位系统的分析，然后结合自己的产品特性进行概念提炼，最后则以产品推广概念为纲，驾驭产品卖点，形成自己鲜明的销售丰张。

总之，只要善于发现，每一种产品都会有它独特的卖点。顾客通常只会对独特卖点感兴趣。发现顾客对某一个独特的卖点感兴趣时，销售员应及时强调产品的独特卖点，把顾客的思维始终引导在独特的卖点上，促使其最后做出购买的决策。

实事求是，不要夸大或吹嘘产品的优点

在销售中，夸大产品优点是一种非常不好的销售习惯，因为最终结果总是会让你得不偿失。过分吹嘘往往会让客户感觉到你的不实在，从而心生反感和不信任。哪怕你的产品确实有独特之处，一旦让客户感觉到你在吹嘘，也会放弃和你的合作。

有一家医院长期以来一直采购某家药厂的产品，突然有一天，他们不再使用该药厂的产品了。原因很简单，就是因为药厂的销售员在拜访负责药品采购的客户时过分夸大了产品的优点，他对那位医生说：“这种药丸是你们医院治愈所有哮喘病人的良药。”

一听此话，医生很生气，说：“你倒是真敢吹牛，我院有一些病人

已经使用过，一点都没效果！”

那个销售员走后，有人问医生：“是不是真的完全无效？”

“也不完全如此。据其他一些医生反映，就解除症状而言，它是蛮有功效的，但是哮喘是无法根治的，有太多的因素会使它发作，心理受到影响也可以成为发作的因素之一。”

“你希望那位销售员怎么说呢？”

“如果他对我说，‘王大夫，在病人不知情的情况下所做的大规模实验显示，这种药物对80%的哮喘患者能有效减轻症状。’这样我就会阅读那份报告，并增加处方量。老实说，那还算是不错的产品，但为什么他要向我无端夸大产品的优点呢？”

在向客户介绍产品的过程中，一旦被客户抓住了产品的某些缺点，往往会让销售工作变得被动起来。所以，销售员为了避免这一点，必然要为产品说好话，转移客户的注意力。这是正常的，但是，如果过度夸耀自己的产品就不好了，这样造成的结果是：对产品市场比你还了解的客户会因此永远地不信任你，而不知情的客户购买后发现产品达不到你所夸耀的程度也会出现抵触、厌恶的情绪，甚至会因此而投诉你。

因此，夸大其词的宣传并不能真正打动客户，向客户介绍产品用来促成交易的，主要是宣传产品或服务的功能，而不仅仅是对产品做浮夸的介绍，客户更在意的是销售员的介绍是真实可靠的。

可以说，销售中销售员虽然需要“老王卖瓜，自卖自夸”，努力张扬产品的好处，但在介绍产品的实质性功能方面，一定要客观，给客户一种实事求是的感觉。所以，销售员要对自己的产品和经营状况了如指掌，清楚自己提供给对方的建议书各项条款是如何成为对方所需要的而又不是言过其实的，并要把这些用具体的数字或可信的依据清晰地摆出来，那样就容易打动客户了。

那么，销售员如何避免做夸大的介绍呢？

1．在介绍产品时要做到客观

销售员在介绍产品时，要尽量保持简单明了，并且避免啰嗦，这样不但可以将产品的特性突显出来，还能够让客户容易接受。

（1）“我们可以选择使用这种无油烟炒锅。如果用它炒菜的话，不但没有油烟，而且不会糊锅。”

（2）“不错，虽然这款手机的价格很便宜，但是它的功能还是比较全的，不仅能够支持蓝牙、红外及数据线，还具备扩展功能，而且其扩展功能是很强的。”

（3）“这种复印机只需要扫描一次，就可以复印很多次，而且每次复印的效果同样很清晰。”

所有销售员都应该注意一个问题，当你在介绍产品的资料时，必须要做到绝对真实可靠。

因为它展示的是该产品的主要功能和特性，如果其中存在一些虚假信息的话，必然会产生一些不利的影响。

2．在介绍产品时要做到扬长避短

任何一个产品，都存在好的一面和不足的一面。作为销售员就应该站在客观的角度上，与客户分析产品的优势在哪里，然而对于产品存在的一些缺点，要尽量去回避，但不是一味去欺瞒客户。

3．在介绍产品时要着重于益处

当客户购买产品时，必然是因为他认为此产品的价值远大于自己为之所付出的金钱。一般来说，客户都希望产品具有以下功能：

（1）能够给其带来更多的收益。

（2）能够为其节省更多的时间和精力。

（3）能作为提高其身份和地位的象征。

（4）能够满足其健康和安全的需求。

（5）能作为一种时尚和品位的体现。

因此，当销售员向客户介绍产品时，仅说明和示范产品的特性是不够的，还要从具体情况出发，根据客户的实际需要，找出其最关心的问题，然后以产品中可以满足这一需求的优势为手段，向他发出猛烈地“攻击”，这样自然就能促成交易。尤其是客户一旦觉得产品的某一些优势正是他所需要的，即使他明明知道产品本身存在一些缺陷，但他会认为无所谓的，并会欣然接受。

用语言为客户勾勒出一个美好的画面

在介绍产品的过程中，销售人员不仅要向客户解说产品，而且还要运用生动形象的语言给客户描绘一幅使用产品后带来的美好图像，这样就会极大地激起客户对这幅图的向往，并有效刺激客户的购买欲望。

先让我们看看下面这个事例：

假如你的一个女性朋友的男朋友向她求婚了。她将这个好消息告诉了你。下面有三种表达方法，请问其中哪一种方法最能感染你，最能让你感同身受呢?

第一种：“我男朋友今天在西餐厅向我求婚了。”

第二种：“今天吃晚饭的时候，我男朋友在西餐厅里拿着999朵玫瑰和一颗钻戒向我求婚了。”

第三种：“今晚，我和男友在西餐厅用餐。中途他去了洗手间，好长时间也没回来，我正在纳闷，西餐厅的灯光突然慢慢暗了下来，还传来小提琴的声音，一个聚光灯打在我身上，我真的很惊讶，不知道怎么回事。小提琴手越走越近，拉的居然是《结婚进行曲》。这时我看到了我的男朋友，穿着优雅的燕尾服，推着一辆车，车上放了999朵玫瑰，最前面还有一颗璀璨的钻戒，慢慢地向我走过来！天哪，他是在向我求婚！”

在三种表达方式中，显然第三种最具感染力。其原因在于她用富有感情色彩的语句将当时的每一个细节生动的描绘出来，为我们听者勾勒出一副非常浪漫的求婚图画。在我们的脑海里就像一部电影，一直在放映，让我们也感同身受。

从这个事例中，你会发现人的思想对图像会产生深刻的记忆和印象，所以在介绍产品时，我们可以为客户构造出一幅使用产品的图画，让客户提前拥有幸福的感觉。

销售人员：“张先生，你平时参加过这样的培训吗？”

客户：“参加过一个‘生涯规划’的培训？”

销售人员：“我们提供的培训可以帮助、指导你未来30年的发展路线，你可以像看电脑的发展趋势一样看到您的收入、您的健康、您的人际关系等的发展趋势。假如您可以通过这个课程完全掌握自己的整个人生过程和细节，通过您自己对这个课程的认识和了解，帮助您实现重大的成长和跨越，您有没有兴趣想了解一下？”

客户：“想。”

销售人员：“张先生，想象一下，假如今天您参加了这样一个课程，它可以帮你建立更好的人际关系，帮助您更加清晰地明确一年的目标、五年的目标、十年的目标以及您今后要做的事情，帮助您的家庭和您的孩子变得更加的舒适和安康，您觉得这样好不好？”

客户：“非常好！”

销售人员：“所以，如果说您还没有尝试，你愿不愿意花一点事假尝试一下呢？”

客户：“愿意。”

销售人员：“如果当您尝试的时候，发现它确实有用的话，您会不会坚持使用它呢？如果您坚持的话，会不会因为您的坚持而一天比一天更好呢？因为每天进步一点点就是进步最快的方法，您说是不是？”

客户：“是的。”

销售人员：“所以，假如今天您来参加这3天的课程，有可能对您和您的家人都有帮助，是吧？”

客户：“是的，这样吧，你把申请表给我传过来，我填一下。”

上述案例中的销售人员给客户描绘了一幅成交的画面，让他想象自己已经购买了某产品或服务，而此产品或服务给他带来多大好处。在产品介绍时，你也要为客户创造一幅景象和画面：产品会给他带来怎样的好处和利益。

当你把一幅美妙的图画销售给客户的大脑之后，就会发现从现在开始不是你一个人在跟客户沟通，客户的大脑也在跟自己沟通，他必须要购买这样的产品，因为你已经为他勾勒了购买产品之后的美妙图画。

卖花女孩向一位路过的小伙子兜售鲜花。小伙子说，你的鲜花太贵了。卖花女郎说，送给女孩子最好的礼物就是鲜花，而且要在众人面前送给她最漂亮的花！假如你捧着一束花去见她，你的女朋友会是什么样呢？我想她一定会含情脉脉地看着你，脸上洋溢着幸福的笑容，会在众人羡慕的眼光中给你一个最热烈的拥抱的。听到这里，小伙子立即掏出钱包。

上例中，卖花女孩通过生动形象的语言给小伙子描绘了一幅买花后送给女友的美好画面，激起小伙子对美好画面的向往，从而购买了鲜花。这就是让客户由心动变为行动。试想一下，听到这样一段有诱惑力的话，哪个客户能不动心呢？

销售员打动顾客感情的有效方法是对产品的特点和利益进行形象描述。就像一句推销名言所说：“如果你想勾起对方吃牛排的欲望，将牛排放到他的面前固然有效，但最令人无法抗拒的是煎牛排的‘嗞嗞’声，他会想到牛排正躺在铁板上嗞嗞在响，浑身冒油，香味四溢，不由得咽下口水。”“嗞嗞”的响声使人们产生了联想，刺激了需求欲望。

一位吸尘器销售员对顾客说：“请好好想一想，使用吸尘器，你可以从繁杂的家务劳动中解脱出来，这样，你就可以有更多的时间和精力关心你孩子的学习和进步，辅导他的作业，带他外出散步，和家人一同享受生活的乐趣。”

一位推销天蓝色瓷片的销售员一句话打动了顾客：“在卫生间铺上这种天蓝色瓷片，你洗澡时就有置身大海的感觉。”

在商品快介绍结束时，销售员向准备为女儿买钢琴的母亲说：“我想用不了多久，您女儿一定能在学校的表演厅里为大家演奏曲子了。”

翡翠饰品快介绍完毕时，销售员对一位30岁左右的女士说：“您看，这块翡翠的绿色就像春天的嫩草一样；再看这水头多足，润润的，好似一汪水，晶莹剔透。在炎热的夏天，您佩戴着这枚翡翠挂件，即便走在喧闹的人群里，它也能给您带来宁静、舒爽的心情。”

吊坠饰品快介绍完毕时，销售员对购买饰品的年轻时尚的女顾客说：“这款吊坠可是由我公司的法国设计师刚刚设计出来的，看上去是不是很别出心裁啊！这款吊坠的特别之处在于它有多种用途。在夏天，您穿上一件米白色的连衣裙，再佩戴上这款吊坠走在人群里，一定会吸引许多路人的目光；秋冬季节，您还可以用长项链将它挂于胸前，作为毛衣链来使用。您与朋友一同去喝茶，当您将外套脱下时，大家一定立马注意到您胸前这枚新颖时尚的毛衣链，争着问你是在哪买的！平时， 您还可以为它打上漂亮的绳结拴在皮包上或手机上，真是别具一格啊。您说是吧！”

你看，在介绍产品时，用生动的语言为客户描绘一个美好的画面，可以让客户有身临其境的感觉，并有效刺激了客户的购买欲望，帮助销售人员更好的达成销售。事实证明，销售人员为客户构造的图画越美满，越幸福，就越有吸引力，越能打动客户。

值得注意的是，介绍产品时要以客户的“心理体验”为核心。客户不仅消费商品本身，更希望借助消费行为来表达和传递某种意义和信息。一般说来，客户希望表达、传递的内容包括自己的地位、身份、个性、品位、情趣和认同等等。所以在介绍产品时，销售人员一定要围绕客户的这种核心诉求，用富有感情色彩的语句勾勒出美好的图景，以最大程度地满足客户的心理体验要求。

随机应变，灵活地应对突发事件

在销售的过程中，一些出乎销售员们意料的突发性事件很多，这些因素

是无法控制的。一旦出现新的情况，就要求销售员按新出现的情况采取相应的对策，要做到随机应变。

在销售过程中，如果你遇到下面的情况，你怎么处理?

当你正在和一位新顾客洽谈生意，突然，一位老顾客打来了电话。他告诉你说，撤销以前答应你的购买许诺。显然，这时，你肯定有着双重的压力，既想跟老主顾挽回败局，又怕在新顾客那里泄漏推销失利的信息。面对这种局面，如果你惊慌失措，或对着电话与老主顾大叫大嚷，斥责他言而无信，那就是太愚蠢了。结果只能是留不住老顾客，又赶跑了新顾客，鸡飞蛋打。

对于一个优秀的销售人员来说，他绝对不会这样做的。他肯定会客气地对老主顾说："这没关系，不过，我现在正在与一位朋友谈要紧事，我们明天见面再详细谈谈你看怎样？"这的确是一种理智而聪明的做法，我们称之为"应付周旋法。"这种做法的高明之处在于：左右逢源。一般情况下，老主顾听了这样的话后，是不会在电话中继续纠缠下去的，他就会答应你的请求。这样一来，你就又有了一个跟他谈判，以期维持原有交易的机会。而另一方面，新顾客不仅会为你重视他而高兴，也会为你因他而拒绝一次约会而感到歉意，这非常有益于你与他达成交易，真是一箭三雕。而这就是随机应变的结果。

由此可见，在销售的过程中，懂得随机应变是非常重要的。

有一个销售员向一大群客户推销一种钢化玻璃酒杯，在他进行完商品说明之后，他就向客户做商品演示——把一只钢化玻璃酒杯扔在地上而不会被摔碎。但是碰巧的是，他正好拿了一只质量不过关的杯子，猛地一扔，酒杯被摔碎了。

对于这类事情，在他以往推销酒杯的过程中从来没有发生过，这大大出乎他的意料，他也感到十分吃惊。而客户呢，更是目瞪口呆，因为他们原先已非常相信了这位销售员的推销说明，只不过想亲眼看看得到一个证明罢了，结果却出现了这样尴尬的局面。

此时，如果销售人员也不知所措，没了主意，让这种沉默继续下去，不到3秒钟，准会有客户拂袖而去，交易也会因此遭到惨败。但是这位销售人员却灵机一动，说了一句话，不仅引得哄堂大笑，化解了尴尬的局面，而且更加博得了客户的信任，交易大获全胜。

那么，这位销售员说了一句什么话呢？

原来，当他把杯子摔碎后，他并没有流露出丝毫惊慌的情绪，反而对客户们笑了笑，然后沉着而富有幽默地说："你们看，像这样的杯子，我就不会卖给你们的。"大家一起禁不住大笑起来，气氛一下子变得活跃，紧接着，这个销售员又接连扔了5只杯子都成功了，赢得了大家的信任，很快推销出几十打酒杯。

在销售过程中，销售人员总会遇到千变万化的情况，这就要求销售员要沉着冷静、机制灵活地逐一处理，把不利的突发因素消解，甚至化为有利的因素，同时又决不放过任何一个有利的突发因素为自己的销售增加砝码。

曾有一位推销员A，上门推销化妆品，当A走进某商厦的营销部，只有一位染着黄头发的男士坐在办公桌前，A敲门进入后，主动和黄头发职员搭讪，但"黄头发"不理睬，反而说："你说是黄头发好看还是黑头发好看啊？"

A想如果说黄头发不能让人感到信服，说黑头发又不是他的本意，所以A只能回答说："我看如果黄头发在你头上，那会很好看，黑头发在我们推销员身上更合适，你说呢？"

黄头发职员好像有点满意，但还想刁难一下A，说：“为什么我们公司山东那边的职员都染成红的啊？”

推销员说：“他们那边扫黄打黑抓得比较紧。”

黄头发职员觉得很有满意，说：“你这人蛮有意思的，要不我们来谈谈你的产品。”

销售员在销售过程中会遇到千奇百怪的人和事，如拘泥于一般的原则不会变通，往往导致销售失败。所以，对于突发事件如何处理，直接关系到销售活动能否顺利地摆脱僵局，走出低谷。在突发的事情面前，销售人员要沉着处理，避开和化解不利因素，抓住有利因素，使意外事件不影响成交，甚至能促成交易。

有一个理发师傅带了个徒弟。徒弟学艺3个月后，这天正式上岗。他给第一位顾客理完发，顾客照照镜子说：“头发留得太长。”徒弟不语。师傅在一旁笑着解释：“头发长使您显得含蓄，这叫藏而不露，很符合您的身份。”顾客听罢，高兴而去。

徒弟给第二位顾客理完发，顾客照照镜子说：“头发留得太短。”徒弟不语。师傅笑着解释：“头发短使您显得精神、朴实、厚道，让人感到亲切。”顾客听了，欣喜而去。

徒弟给第三位顾客理完发，顾客边交钱边嘟囔：“剪个头花这么长的时间。”徒弟无语。师傅马上笑着解释：“为‘首脑’多花点时间很有必要。您没听说：进门苍头秀士，出门白面书生！”顾客听罢，大笑而去。

徒弟给第四位顾客理完发，顾客边付款边埋怨：“用的时间太短了，20分钟就完事了。”徒弟心中慌张，不知所措。师傅马上笑着抢答：“如今，时间就是金钱，‘顶上功夫’速战速决，为您赢得了时间，您何乐而不为？”顾客听了，欢笑告辞。

故事中的这位师傅，真是能说会道。他机智灵活，巧妙地“打圆场”，每次得体的解说，都使徒弟摆脱了尴尬，让对方转怨为喜，高兴而去。他成功地“打圆场”的经验，给了我们诸多启示。

美国营销学家卡塞尔说：“生意场上，无论买卖大小，出卖的都是智慧。”而销售人员的应变能力就是一种智慧的体现，没有智慧，也就不会拥有这种神奇的能力。销售人员每天要接触很多的客户，而客户的性格、爱好、品性又各不相同，这样就可能会在销售的过程中出现很多不曾出现过的状况，或者遇到没有经历过的难题，这都是很正常的事情。销售人员不应该因为自己没有经历过，就失去信心和勇气，产生畏惧心理，惊慌失措，这样只会给客户留下不好的印象，只会阻碍销售工作的顺利进行。

与其掩盖产品缺点，不如巧妙地把缺点讲出来

“一个能力非凡而又完美无缺的人的吸引力，远不如一个能力非凡但身上却有着常人一样的缺点的人强。”这就是美国心理学家阿伦森进行一项研究后的发现。这也就是在日常生活中，人们为什么会认为那些太完美的人缺失人情味，远不如一些有棱有角的人更具有人情味的原因。

在日常生活中，有一些看起来各方面都比较完美的人，往往是不太讨人喜爱的。这是为什么呢？大家可以试想一下，普通人在与完美无缺的人交往时，总难免因为自己不如对方而自卑。如果发现一个人也和自己一样有缺

点，就会减轻自己的自卑，感到安全，自然也就很愿意与他交往。试想，谁会愿意和那些总是让自己感到自卑的人交往呢？

所以，那些不太完美的人，比那些完美的人，更容易让人觉得可以亲近。

由此可见，在销售过程中，也是需要把握住人们这种相似的心理特点的。作为客户来讲，他自然也明白产品就同人一样是没有十全十美的。所以，在很多时候，与其遮遮掩掩，倒不如坦诚以待，更能赢得理性客户的高度认可。在许多时候，一旦客户认为在你所陈述产品的一些缺陷中并没有其所在意的问题时，他会更快做出购买的决定。

美国大名鼎鼎的销售专家阿玛诺斯在开始工作时，只用了不到两年的时间，就由小职员晋升为销售主管。下面大家就来看看他是如何进行推销活动的。

当他在推销一块土地的时候，阿玛诺斯并不按照大多数销售员的一贯做法，比如，向客户介绍这地是如何的有投资价值，是如何的位置好，地价是如何的便宜等。他首先是很坦率地告诉客户说：“在这块地的四周有几家工厂，如果是拿来盖住宅的话呢，周围的环境可能会很吵，这也就是价格要比一般的地便宜的原因。”

而事实上，尽管他把这块地说得如何不好，如何令人不满，但他一定会带客户前去参观的。然而，当客户来到现场进行考察时，发现那个地方并没有像阿玛诺斯说得那样糟糕，有的不禁反问他：“哪有你说的那样吵啊？无论搬到哪里，噪声都会是一样无法避免的。”

就这样，在客户心目中实际情况是可以接受的，并没有像阿玛诺斯说得那么糟糕，于是便心甘情愿地购买了那块土地。就这样，阿玛诺斯的买卖就这样如此简单地成交了。

现在很多销售员在说起商品的优点时，头头是道、天花乱坠、千言万语讲不完；但是，一旦被问到该商品究竟有什么缺点和问题时，却是哑口无言，或者干脆回答：“没有缺点”。这些销售人员心里想的只是怎样把商品卖出去，即只要能把商品卖出去，怎么说都行。于是，便向客户大谈该商品是多么的完美，没有一丝问题。然而，当客户听信销售员的“美言”，高高兴兴地把商品买回家后，却发现该商品有非常致命的缺点，那么他还会对你有好感吗？他还会再相信你，再买你的产品吗？

因此，当销售员在面对客户时，不妨做“老实人”，有技巧地将产品的缺陷暴露出来。其实，这种策略的应用，会为你取得客户的更多信任，从而提高成交的几率。但要注意，在运用此策略是有前提的，那就是暴露给客户的产品缺点一定要是属于“瑕不掩瑜”的情况。如果其产品缺陷就是客户所忌讳的话，那简直就如同撞在了枪口上，自然你就不会有好的销售业绩了。所以，销售员需要掌握以下技巧，既可以保持诚信又不至于让客户在产品缺陷面前望而却步。

1．主动说出无关紧要的不足

其实客户也知道，从来就没有完美无缺的产品，如果销售员自始至终只提产品的好处，而对产品的不足只字不提，那你销售的产品不仅不会在客户心中得到美化，反而会引起客户的更多疑虑。他们可能会主动询问，也可能会在心里暗自猜疑。

所以，为了打消客户的疑虑，销售员可以主动说出一些有关产品不足的问题，说这些问题的时候，态度一定要认真，让客户觉得你足够诚恳，但是这些问题的内容一定是无碍大局的，对方可以接受的。

2．巧妙地告诉客户真相

巧妙地告诉客户真相，要求销售员保持诚信，但并非要求销售员在任何情况下、对任何事情都实话实说。有些问题虽然可以说出，但是却不能一股脑地全部抛出，而应该在指出这些问题的过程中运用一些技巧，如客户普遍关注的价格问题、产品的致命弱点等，而有些问题销售员是不可以如实说出的，比如有关企业的商业机密等。关于这些不能说或者不好说的问题，销售人员一定要加以格外注意，不要为了得到客户一时的高兴而信口开河。在说这些实话时，销售人员可以采用声东击西的策略。

3．焕发出值得人信任的气质

同样的话以不同的方式或由不同的人说出，产生的效果是不同的。那些态度诚恳、神态自然的人说出的话往往要比那些态度虚伪、神态不自然的人说出的话更值得人信任。为此，销售员在与客户沟通时务必要用诚恳的态度和自信的神态打动对方，而不要闪烁其词、唯唯诺诺地引起客户怀疑。

4．为自己说过的话负责

销售员在与客户沟通时不要轻易承诺，对于自己做不到的事情千万不要答应。如果已经答应了客户某些事情，就一定要想办法做到、做好。这既是对客户的负责，也是对自己的负责。随便夸海口、拍胸脯，极不利于树立良好的信誉。

一边介绍一边示范，让客户亲身体验产品

常言道：百闻不如一见。销售人员的语言无论多么生动，其效果也决比不上让客户亲眼看一看产品的特征和效能。实证比巧言更具有说服力，所以我们常看见餐厅前有的设置着菜肴的展示橱窗；销售服饰的商店，则衣裙服装等也务必穿在人体模型身上；建筑公司也都陈列着样品屋，正在别墅区

建房子的公司，为了达到促销的目标，常招待大家到现场参观。口说无凭，如果放弃任何销售用具（说明书、样品、示范用具等），当然绝无成功的希望。

销售员在向陌生的客户介绍产品时，必须进行有效的产品展示——示范演示。通过对产品功能、性质、特点等的展示及使用效果的示范表演等，使客户看到购买产品后所能获得的好处和利益。产品为客户带来的好处及利益是促使客户购买的真正动机。客户希望能在销售员口头介绍产品的信息后，能亲眼看到，甚至亲身体验到产品的优势与作用，以加深认识和记忆，这就是“百闻不如一见”的道理。

曾经有这么一位啤酒的销售员，用一个非常简单的演示，大大促进了他的产品销售。每当他到饭店、旅馆、餐厅或一些其他地方拜访潜在顾客时，他总是这样说：“您好！我是×××，我来这儿，并不是想向各位销售什么产品，只是想请您配合我做一个简单的试验。”

在得到了潜在顾客的同意后，他会打开一瓶潜在顾客当前正在使用的品牌的啤酒，再打开一瓶自己品牌的啤酒，然后从每瓶酒中各倒出一杯，盖住瓶盖，最后请潜在顾客将两瓶酒放到冰箱里。

一个星期以后，他会再次拜访这个潜在顾客，从冰箱里拿出两瓶酒，重新打开之后，他的啤酒与第一次打开时一样—泡沫丰富，而顾客所用的那瓶酒几乎没有什么泡沫了。他的演示打动了绝大多数潜在顾客的心，他们纷纷向他订货。

这就是演示的作用，也是销售员要高度重视演示的原因。有说服力的演示，在一定程度上可以极大地促进产品的销售，良好的销售陈述，能将自己所销售的产品与其他公司的产品明显地区别开。最重要的一点是，演示可以很直接地减少顾客的异议。

古语曾说：“耳听为虚，眼见为实。”尽管有的时候顾客也许不会听销售人员所说的话，但是他们都不会怀疑自己的眼睛所看到的事实。在销售员充分的演示中，顾客可以从中了解很多自己想要了解的知识，产品能取得顾客的信任和认可，自然就会减少顾客产生异议的机会。

有一位陈先生，曾在一家汽车修理厂工作，同时也是一位极活跃的推销员，不管新车或旧车，总是自己开着去拜访想买的顾客。

“这部车子，我正要将它送到买主那里，张先生，您也可以顺便看一看如何？我想把有缺点的地方修理好了再送去，只要你张先生这样有经验的人说一声‘好’，我就可以更放心了。”

一边说着就一边和张先生一起驾驶这辆车子，开了一两公里路，征求顾客的意见：“张先生，怎么样？您有没有什么指教？”

“有的！我觉得方向盘好像松了一点。”

“好！您真是高明！我也注意到这个部分有问题，还有没有其他意见？”

“引擎很不错，离合器也很好。”

“好！好！您的确是很有经验，佩服！佩服！”

“陈先生，这辆车子要卖多少，我不是想买，问问价钱，我只是打听打听行情。”

“这样的车子，您一定晓得值多少，您出多少钱？”

假定这时生意还是没谈成的话，可以一边试车一边再商量，最后必可做成这笔生意，尤其是推销旧车子，有100%的成功几率。

这些为销售产生的方法，并不限于推销汽车。要销售别的商品也是同样的道理；比如你是经营原料生产企业的，可以提供一部分试用机器，请顾客亲身体验一番；推销食品者，可以让顾客人先品尝一下；推销药品的，不妨把试验统计结果告诉顾客；都不失为推销商品的好办法。

事实证明，让客户亲身体验产品可以有更高的销售效率，省去销售员的许多口舌，不需要销售员再费尽心机地去说服客户。

周伟是一家生产工业洗涤灵的销售员。他的客户跨越很多行业，有医院、高等学校、宾馆、饭店、娱乐中心和其他一些大型企业。周伟在向一个大医院销售产品时遇到了困难。因为这家医院用的产品是一家知名企业的产品，而且医院对这个产品也很满意，双方客户关系很好，人际关系也不错。

刚开始的时候，无论周伟怎样介绍，医院都以对目前使用的产品很满意为由拒绝了。鉴于这种情况，朋友周伟设计了一个演示方案。在下一次拜访该医院的时候，他随身带了两块锡箔，他将这两块锡箔放在院长的办公桌上，然后在上面分别放了少许自己所销售的产品和该医院正在使用的产品，并滴上了几滴水。

过了一会儿，竞争厂家的产品开始冒泡，并很快将锡箔烧穿了一个洞，而滴上周伟所推荐的洗涤灵的那块锡箔却完好无损。这说明该医院现在正在使用的洗涤产品会严重地烧损医院的服装和洗涤设备。于是，周伟拿到了他想要的订单。

销售员在向客户推荐产品时，一定要让对方不仅听到，而且还要看到，甚至要摸到，必要时还要当场示范。一旦让客户亲身参与到产品展示中体验产品，可以使产品展示的效果加倍。如果销售员所销售的产品品质优秀，那么客户在参与产品展示的过程中，就会惊讶于产品的品质，从而立即喜欢上这款产品，更乐意马上购买。

那么，销售人员该如何进行产品示范，让客户参与到产品的体验中、亲身来体验产品呢？

1. 重点展示顾客的兴趣点

在发现了面前顾客的兴趣点后可以重点展示给他们看，以证明你的产品可以解决他们的问题，适合他们的需求。当然如果你的顾客是随和型的，并且当时的气氛极好，时间充裕，你可以从容不迫地将产品的各个方面展示给顾客。但是，大部分顾客都不会喜欢你占用他们过多的时间，所以有选择、有重点地展示产品还是很有必要的。

2. 用新奇的动作提高顾客兴趣

在产品展示过程中，销售人员的新奇动作也会有助于提高顾客的兴趣。对于商品的特殊性质，新奇的动作往往会将它们表现得淋漓尽致。比如，一般推销干洗剂的销售人员会携带一块脏布，当着顾客的面将干洗剂喷涂在上，然而假如你一改常态，先将穿在自己身上的衣服袖子弄脏一小块，然后再洗干净它，这样的展示效果一定要好于前者。

3. 让客户参与到问答及活动中来

销售员在做产品介绍时，如果用问题结束每一次产品描述，可以更有效地让客户参与到展示中。例如，销售员刚刚介绍完一款印刷产品的印刷品质，就可以问问客户，他对印刷的质量感觉如果，或者最喜欢的机器型号是哪一个。然后，不用停顿太久便转到下一个要点，因为停顿太久会使客户的心思分散，产生其他的想法。例如，他或许会考虑往后拖拖，或仔细考虑一下价格。

让客户参与到问答及活动中来，可以让销售员比较好地掌握产品展示的场面和效果。而且，提问的形式可以让销售员更好地引导客户，让其最终做出购买的决定。

4．产品展示要有针对性

如果你所销售的商品具有特殊的性质，那么你的展示动作就应该一下子把这种特殊性表达出来。比如，你在推销一种保险玻璃，你就应该随身带一块玻璃样品和铁锤，当着顾客的面，用铁锤敲击玻璃，顾客一定会在惊讶中升起购买的欲望。当你继续与他交谈的时候，你就会发现你们之间的谈话是那么易于进行，交易也就很快达成了。

5．展示动作要熟练

在产品展示过程中，销售人员一定要做到动作熟练、自然，给顾客留下利落、能干的印象，同时也会对自己驾驭产品产生信心。谨记你的态度将直接影响顾客的选择。

6．产品展示时要心境平和，从容不迫

在整个产品展示过程中，销售人员要心境平和，从容不迫。尤其遇到展示出现意外时，不要急躁，更不要拼命去解释，这样容易给顾客造成强词夺理的印象，前面的一切努力也就付之东流了。

一旦出现问题，你不妨表现得幽默一点，让顾客了解这只是个意外罢了，那么谨慎地再来一次展示是必不可少的。例如，当你推销钢化玻璃，你的展示动作是举起铁锤砸玻璃，理想状态是玻璃安然无恙。而当你向顾客介绍了这种玻璃的各项指数，并开始展示，顾客已想象到了结果是玻璃并不会碎，谁知恰恰相反，玻璃碎了。这时你怎么办呢？你一定不要面露惊慌之色，你可以平静地告诉顾客："像这样的玻璃我们是绝对不会卖给您的。"随后再展示几次。这样就化险为夷了，也许还会增加顾客的印象。

第五章

因人而异，
面对不同客户的说话技巧

对待不同年龄客户的说话技巧

不同年龄阶段的人会有不同的心理特点，消费心态自然也就不同，销售人员对待不同年龄阶段的人自然要采取不同的推销方式。青年人和中年人是消费的主力军，推销产品首先要攻克的就是这两个群体。

1. 应对青年客户的口才技巧

所谓青年客户是指18岁到30岁的消费者。青年购买力强、消费量大。因此，研究青年客户的购买动机是十分重要的。

青年客户的购买动机具有下列特点：

（1）购买动机具有成人感

青年客户是流行商品的消费带头人，他们对推动商品更新换代有先导作用，这是由其青春期的心理特征决定的。典型表现是内心丰富、感觉敏锐、富于幻想、勇于创新、敢于冲破旧的传统观念与世俗偏见，易于接受新鲜事物，追随时代潮流。表现在他们的购买行为中趋向求新求美，喜欢购买富有时代特色的商品来装饰自己和家庭，表现出现代化的生活方式，以博得他人的赞许和羡慕。因此，投放市场的新产品、社会流行的某一商品，都会引起他们极大的兴趣和购买欲望，购买动机也会随之形成。在实际调查中发现，在事先没有明确的购买目标，但却实现了购买行为的消费者中，青年人居多数。

（2）购买范围广、购买能力强

这里所讲的青年客户主要是具有独立购买能力的青年人。他们有一定的

经济来源和购买经验，加之没有较重的经济负担，所以购买商品的范围十分广泛。各种商品，不论高档、低档、一般、特殊，他们都买。

随着人们消费观念由保守型向开放型的转变，青年人消费的时代感也越加强烈，表现在追求衣、食、住、行、学各方面现代化的生活方式，注重享受、娱乐，甚至是奢侈性的消费。

（3）购买动机易受社会因素的影响

青年人既是社会活动的中坚力量，又是家庭和某些团体的成员，集体感、荣誉感表现比较强烈。而这些团体的行为标准、规则，对他们的行为活动产生重要影响，并为他们提供一定的消费模式，使购买行为趋于一致化。特别是商品的社会流行性，直接决定了他们的购买行为。

（4）具有明显的冲动性

青年人的特点是体力充沛、精力旺盛、朝气蓬勃，心理特征一方面表现为果断迅速、反应灵敏：另一方面也表现为感情冲动、草率从事。因此，其购买动机具有明显的个性特点。首先讲究商品美观、新奇；其次才注意质量、价格。他们一般不能冷静地分析商品的各种利弊因素，许多人凭对商品的感情好恶与直觉判断商品的好坏、优劣，形成对商品的好恶倾向。

因此，青年客户比较开通，比较开放，易于接受新生事物。他们好奇心强，兴趣广泛。这些对于推销人员来说都是极有利的，因为你可以抓住他的好奇心，动员其购买，也可以使他们佩服你，抓住时机，与他们交朋友。

由于青年客户的抗拒心理很少，只是因为缺少阅历在与人交流时有些紧张，只要销售人员对他们热心一些，多表现自己的专业知识，让他们多了解一些这方面的问题，他们就会放松下来，与你交谈了。

对待青年客户，在进行推销说明时，要激发他们的购买欲望，使他们知道这商品很流行，正符合时代潮流。

和青年客户交谈时，要亲切，对自己的商品有信心，与他们打成一片。

要尽量为他们想办法解决各种困难，不要增加他们心理上的负担。

2．应对中年客户的口才技巧

相对青年人，中年客户一般都有了家庭，有了孩子，也有了固定的职业，他们要尽量地为自己的家庭拼搏，为自己的孩子挣钱，为了整个家庭的幸福投资。

他们都有一定的阅历，比青年人沉着、冷静，比青年人经验丰富、有主见，但缺乏青年人的生机和梦想。

中年客户各方面的能力都比较强，正是一个人能力达到顶峰的时候，对这类客户要心眼是很困难的，不过只要销售人员真诚地对待他们，交朋友也是不难的。他们喜欢交朋友，特别是知己。

对待这样的客户不要夸夸其谈，不要显示自己的专业能力，而要认真地、亲切地与他们交谈，对于他们的家庭说一些羡慕的话，对于他们的事业、工作能力说一些佩服的话，只要说得实实在在，这些客户一般都乐于听你讲话，也愿与你亲近。

这类客户有主见，能力又强，不怕推销人员欺骗他们，所以只要推销的商品质量好，销售人员的态度又很真诚，要和他们达成交易并不是一件太难的事。

中年客户，对于销售人员的言辞不会太在意，他们要求实实在在，因此你不需要用什么计谋。不过这些客户都爱面子，所以销售人员可抓住他们这一点进行推销、诱导，这样交易就成功了。

对待不同性别客户的说话技巧

男性和女性的消费心理差异很大，销售人员必须在了解两者心理特征的基础上，对他们进行不同方式的推销。

1. 男性客户的消费特点

（1）比较自信、决策迅速

男性善于控制自己的情绪，处理问题时能够冷静地权衡各种利弊，从大局着想。具有较强的独立性和自尊心等特点直接影响他们在购买过程中的心理活动。因此，他们动机形成果断迅速，并能立即导致购买行为，即使是处在比较复杂的情况下，也能够果断处理，迅速做出决策。

（2）动机不强，时常被动行事

就普遍意义讲，男性客户购买活动远远不如女性频繁，购买动机也不如女性强烈，比较被动。在许多情况下，购买动机的形成往往是由于外界因素的作用，如家里人的嘱咐，同事、朋友的委托，工作的需要等，动机的主动性、灵活性都比较差。

（3）理智多于感情

男性客户在购买活动中心境变化不如女性强烈，不喜欢联想、幻想，感情色彩比较淡薄。所以，当动机形成后，稳定性较好，其购买行为也比较有规律。男性客户在购买某些商品上与女性的明显区别就是决策过程不易受感情支配，如购买汽车，男性主要考虑商品的性能、质量、品牌、使用效果、价值和保修期限。如果上述条件符合他的要求，就会做出购买决策。另外，男性客户认为男性的特征是粗犷有力，因此，推销人员在面对男性客户时，要抓住他们对具有明显男性特征的商品感兴趣的心理特征，选择如烟、酒、个人装饰品等男性标志商品进行介绍，以便顺利打开局面，与他们成为朋友，为日后的产品介绍推广奠定基础。

（4）注重简单、实用

男性客户多注重商品的质量和实用性。男性客户购买商品多为理性购买，以能否满足自己的需要为主，不太看重产品的外形是否花哨，追求简单明快的风格。注重商品的使用效果及整体质量，而不太关注产品细节。

（5）注重产品档次

男性客户多具有强烈的自尊心和好胜心，购物时十分注重产品的档次和品位，而不关心价值问题。因为男性客户本身所具有的攻击性和成就欲较强，所以男性客户购物时喜欢选购高档气派的产品，而且不愿讨价还价，忌讳别人说自己小气或所购的产品“不上档次”。根据男性客户普遍具有的这一心理特征，在向他们介绍商品时，销售人员要特别强调商品的档次价值。

总而言之，男性客户多具备理智型购物心理。理智型购物心理，是指以较为清醒的理智指导购买行为的购物心理。具有这种购物心理的客户大都是经过一番认真地思考之后，产生的对某种物品购买欲望和购买行动。

当然，也有为数不少的男性客户具有盲目型消费特征。男性客户盲目型购物心理，是一种没有明确购买目标而且盲从随意的购物心理状态。这种盲目型购物心理在个性属于冲动、好奇、模糊的客户中容易出现。从经济条件来说，那些生活较为富裕的客户也容易出现这种心理。

男性客户需求的盲目性是因有些客户的消费需求不是自己生活的实际需要而形成的，而是由外界的影响造成的，因此这种客户需求带有一定的盲目性。

有这种心理的客户，多数是那些经济富裕，实际需求已经满足而又好奇、冲动、讲究时尚的人。

2. 女性客户的消费特点

（1）具有较强的主动性、灵活性

女性会较多地进行购买活动，其原因是多方面的。有的是迫于客观需要，如操持家务；有的则是为满足自己需要；有的则把购物作为一种乐趣或消遣等，所以购买动机具有较强的主动性、灵活性。动机的灵活性也时常体现在购买具体商品上，如原打算购买某种商品，但商店无货，这时男客户往往放弃购买，而女客户会寻找其他适合的替代品，完成购买。

（2）具有浓厚的感情色彩

女性心理特征之一是感情丰富、细腻，心境变化剧烈，富于幻想、联想，因此购买动机带有强烈的感情色彩。如看到某种产品能够使儿童聪明活泼，马上会联想到自己孩子要是这样会是多么可爱，从而引起积极的心理活动，产生喜欢、偏爱等感情，促发购买动机。

（3）购买动机易受外界因素影响，波动性较大

女性购买动机的起伏波动较大。这是因为女性心理活动易受各种外界因素的影响，如商品广告宣传、购买现场的状况、营业员的服务、其他消费者的意见等。例如，许多商店为了招徕客户，用耀目大字标明“减价商品”、“促销商品”、“出口转内销”等，这些往往对女性具有特别大的吸引力。

可见，男性与女性在购买心理和购买行为上存在着极大的差异，所以应该对不同性别的客户，采取不同的推销策略，展现不同的推销口才，这样才能提高销售工作的针对性与成功率，千万不要小瞧这种细微性的差别。

针对挑剔型顾客的说话技巧

销售员："先生您好！我是××手机商城的销售员小张，这是我们最新推出的3G手机，这款手机已经成了集语音通信和多媒体通信相结合，并且包括图像、音乐、网页浏览、电话会议以及其他一些信息服务等增值服务的新一代移动通信系统。"

顾客："我已经有手机了，现在没必要更新。"

销售员："先生，3G手机和此前的手机相比差别实在是太大了，因此越来越多的人开始称呼这类新的移动通信产品为'个人通信终端'。这款3G手机有一个超大的彩色显示屏，而且还是触摸式的。3G手机除了能完成高质量的日常通信外，还能进行多媒体通信。您可以在3G手机的触摸显示屏上直接写字、绘图，并将其传送给另一部手机，而所需时间可能不到一秒。当然，也可以将这些信息传送给一台电脑，或从电脑中下载某些信息；您可以用3G手机直接上网，查看电子邮件或浏览网页；而且自带500万像素的摄像头，这将使您可以利用手机进行电脑会议，甚至使数码相机成为一种'多余'。其实我们这款3G手机非常适合您这样的商业精英……"

顾客："是我了解我的需要，还是你了解，你以为自己是谁呀？"

销售员："我不是这个意思。先生，我是说我们这款新手机，主要是针对需要更多网络流量的人群而设计的。这个i2系列手机是i系列手机的升级版。经过我们进一步的优化设计后，它有一个新特点，就是可以一次运行两个程序，这样就减少了不少中间环节，加快您的手机体验速度和提高办公与生活效率……”

顾客：“行了行了，你们这些生产手机的，除了能添乱还能干什么，月月出新的，就不能一下子出个全的，然后来个冬眠？能跳一米，非要一厘米一厘米地跳，企业都应该联合起来抵制你们这种奸商式生产。”

案例中的这位顾客表面上看是一位对产品不感兴趣的顾客，而通过后面的对话可以看出他其实是一位挑剔型的顾客，对厂商和产品不能满足顾客最终需求十分不满。

在通常情况下，那些挑剔的客户疑心都比较重，一向不信任销售人员，片面地认为销售人员只会夸张地介绍自己产品的优点，尽可能地掩饰缺点和不足。爱挑剔的客户多半不易接受他人的意见，而且喜欢鸡蛋里面挑骨头，争强好胜，喜欢当面与销售人员辩论一番。

在与这类客户打交道时，销售人员要懂得采取迂回的战术，先与他交锋几个回合，但必须适可而止，最后故意宣布“投降”，假装战败而退下阵来，心服口服地宣称对方高见，并故意称赞对方独具慧眼、体察入微，让其吹毛求疵的心态发泄之后，再转入推销的论题。身处这种场合，销售人员一定要注意满足对方争强好胜的习惯，请其批评指教，发表他的意见和看法。

实际上，挑剔是客户在购买过程中的一种必然现象，处理好了，有促进交易的可能，若处理不当，很可能就会造成交易的失败。

销售人员针对爱挑剔的客户，不要在意客户的褒贬，可选择以下劝购技巧：

1. 归纳法

销售人员把客户的意见归纳起来，同时回答几种反对意见，就会削弱意见产生的影响，例如：

“你的这些想法是可以理解的，集中一点是只要价格合适，就签订合同……”

2. 摊牌法

销售人员在无法说服对方时可采用反问，表明自己的诚意，以此答复客户，从而削弱其反对程度。例如：

“您自己怎样回答这个问题呢？”

“我怎么才能说服您呢？”

3. 否定法

例如：

客户：“这种衣服洗后一定会褪色”。

销售人员：“不，这是一种新型面料，绝不褪色，我以本店名誉担保。”

客户：“这种是假冒伪劣产品。”

销售人员：“我们店从不卖假货。”

4. 先发制人法

销售人员主动提出客户的疑虑，并自问自答，做出解释，给客户一种诚实、可靠的印象，例如：

“您可能认为它的功能单一，但它的这一功能的效果比多功能的要好。有些功能很少能用上，是一种浪费金钱增加价格的表现。”

“您心里在想，价格可能偏高了点。但这是手工制作，绣一幅要花上半天时间，算来也不贵。”

5. 顺应法

例如：

客户：“这个商品的价格太贵了。”

销售人员：“是啊，的确很贵，名牌产品哪有不贵的道理呢？”

6. 转折法

例如：

客户：“我觉得这不好。”

销售人员：“您说得有道理，不过，这种商品就是这样。”

7. 拖延法

例如：

客户：“这个商品我不放心其安全性。”

销售人员：“关于这点，请您看看产品说明书。”同时递上有关资料，也可拿出商品让客户挑选比较，以转变客户的态度。

针对爱慕虚荣型客户的说话技巧

毫无疑问，人人内心都有一颗虚荣的种子，只要这颗种子不发芽，不损害别人的利益也就无可厚非。作为销售人员，面对客户的这颗种子时，就要真心地去赞美他们。这样做的结果是客户逐渐放松敌意，谈话的气氛一直是以轻松的状态进行下去的。

虚荣型的客户一般自尊心很强，比较好面子，由于天性骄傲，因此在与之合作时，只要适当地赞美他们，满足其虚荣心，推销即可成功。

马丽开了一家服饰店，当起了老板。她的店铺位置并不怎么好，但令人惊讶的是，开张不久，她的生意就已经应接不暇。同行对此非常好奇，很想了解她的经营秘诀，于是便偷偷地观察起了她。

马丽个子娇小，性格活泼，说话亲切，待人友善，是那种让人一见就喜欢的人。有一天，一对年轻的夫妇来到她的店里看衣服。一见到有客人来了，她连忙上前向他们热情地打招呼。

这对年轻的夫妇看了一会儿，年轻的妻子便在一件漂亮的大衣前挪不动步了。见此情形，马丽便适时地走上前去，得体地向那对年轻的夫妇推销了起来。听了马丽的介绍，俩人更加心动了。不过，那位妻子还是表露出遗憾的表情：“这件大衣确实非常不错，可惜太贵了！”

“价格方面有商量。关键是合不合您身，如果您穿起来不合身，不能彰显您的优雅的气质和曼妙的身材，即使送给您也没用，对吧？不如您试穿一下吧？”

等她试穿完后，马丽问：“您穿上去之后，感觉如何？”那位妻子回答说：“感觉是很好，只是价格太贵。”

“您肯定明白这样的道理：‘一分钱一分货。’如果价格太低了，成本都划不来啊。其实，您也可以这样想一想，您把这个价格除以十，因为这件大衣您至少可以穿十年。而且当您参加同学的婚礼或某个重要的宴会时，穿着这件品味出众的大衣一定会令您增色不少。同时，迷人的穿着会让您先生赏心悦目，大方高贵又会让您先生倍儿有面子。您说是不是呢？”

马丽一边说一边看看那位妻子，又看看那位丈夫。这时候，丈夫虽然没说什么，但脸上的表情已经出卖了他——他想为年轻的妻子买下这件大衣。

于是，马丽又说：“小姐，您真幸运，有许多太太到这儿都看上了这件大衣，可惜并不是每个人都适合穿这件衣服的，不过您的气质与品味真的和这件大衣很配的。”马丽这一番话说得这对年轻夫妇心花怒放，最后，俩人决定买下了这件价格不菲的大衣。

销售往往就是这样：赞美说得好，产品就畅销。马丽平时在和客户交谈时，总是懂得察言观色，善用得体的赞美去夸奖客户，所以客户都很乐意听她说话，很多客户都成为了她的回头客，而且还经常给她推荐新客人。长此以往，试想一下，马丽的生意能不兴隆吗？

每个人都有虚荣心，而满足人虚荣心的最好方法就是让对方产生优越感。但是，并不是每个人都能功成名就，相反的，大部分人都过着平凡的生活，每天都承受着不同的压力，处处听命于人。虽说常态如此，但是绝大多数的人都想尝试一下优越于别人的滋味。因此，这些人会比较容易接受那些能满足其优越感的人。

人人都喜欢听别人赞美自己，如果赞美运用得合理，顾客心里肯定极为受用。越是自傲的人，越爱听别人夸自己，称赞这一招也就越有效。因此对于销售人员来说，说奉承话应该是很重要的一门功课。

图书推销高手王晨认为，他的成功秘诀其实只有一条：非常善于赞美顾客。

有一天，他出去推销书籍，遇到了一位非常有气质的女士。当时王晨刚刚学会运用“赞美”这个推销法宝。当那位女士听到王晨是个推销员时，脸一下子就阴了下来：“我知道你们这些推销员都是很会奉承人的，专挑好听的说，但我肯定不会听你的鬼话的。你还是省省吧！”

王晨并不介意女士的话，而是微笑着说：“您说得很对！推销员总是在挑一些好听的词来忽悠人，说得别人头昏脑涨的，像您这样的顾客我还是很少遇到，特别有主见，从来不会受别人的支配！”

听了王晨的这些话，女士的脸慢慢地由多云转晴了，对王晨的态度也友好了起来。接着，她问了王晨很多问题，王晨都一一做了回答。在交谈过程中，王晨又总能适时地送上几句赞美的话，这令女士更加开心，最后，她很爽快地向王晨订了20多套书，让他送到她的办公室去。后来，她成为了王晨非常忠实的客户。

随着推销经验的日渐丰富，王晨总结了这样一条心得：“没有人不爱被赞美，只有不会赞美别人的人。”他认为，要想让客户下订单买你的东西，就必须学会适时地赞美客户，只要客户能够被你夸得心花怒放，你的生意就十拿九稳。

有一天，王晨去到一家公司推销图书，该公司办公室里的员工们订购了很多书，正在填单过程中，忽然从外面进来了一个人，大声地说：“这些跟垃圾似的书到处都有，要它干吗？”

王晨遇到过不少这样的人，所以一点都不介意，当他正准备向这个人露一个笑脸时，这个人却又一句话冲了过来：“你别向我推销，我肯定不要！我保证不会买！”

“您说得很对，您怎么会买这样的书呢？明眼人一下子都能看得出来，您是读了很多书的，很有文化素养，很有气质，要是您有弟弟妹妹，他们一定会以您为荣为傲，一定会很尊重您的。”王晨微笑着，不紧不慢地说。

“你怎么知道我有弟弟妹妹的？”这个人对王晨有了一点兴趣。

“当我看到您时，就感觉您有一种当大哥的风范，我想谁要是有您这样的哥哥，谁就是很幸运的人啊！”

接下来，这个人开始以大哥教导小弟的语气说话了，而王晨则像对大哥那样尊敬地赞美着他，两人一直聊了半个小时。最后，这个人以支持王晨这位兄弟工作为由，为他自己的弟弟、妹妹订购了10套书。

回想起这件事，王晨感慨道：“只要能跟我的顾客聊上三分钟，他将很难不买我的图书。因为我知道，无论做人还是做事，要改变一个人，最有效的方式就是，传递信心，转移情绪。为什么这么说呢？因为人是感性左右理性的动物。若一个人的感性被真正地调动了，那么这个人想拒绝你会比接受你还难。而要想迅速地控制一个人的感性，最有效和快捷的方法就是恰如其分的赞美。”

“每个人都有虚荣心，每个人都喜欢被赞美，尤其是虚荣型的顾客，对赞美的要求更高。赞美的话，别人听了舒服，自己也不会因此受到损害，于人于己都有好处，何乐而不为呢？”这大约是生意兴隆的秘密武器。

人人都有虚荣心，但是赞美别人时要适度，若是太多，就容易让顾客产生不真实感，就会使顾客对你的人格有所怀疑，从而对你产生戒备心理，赞美就会变得适得其反。因此赞美时要把握分寸，这样才能让顾客满心欢喜，以此达到推销的目的。

针对犹豫不决型客户的说话技巧

在与顾客沟通时，我们会发现一些顾客表现出一副犹豫的样子，情绪时好时坏，推销员已经把产品以及服务等各方面的信息介绍得很全面，对方也没有表示出多大的异议，可就是在签单的时间问题上一再拖延，总爱说“我再考虑考虑”、“我再问问别人”、“我回去再想一下”等，就是不能下定决心。这样的顾客，我们称之为犹豫不决型顾客。

遇到犹豫不决型的顾客，你要学会用适度强迫的方法促成交易。对于整个交易过程，你要看成是一个“逼迫”的过程，但逼得要适度，要运用一定的方法，不能太急，但也不能太慢条斯理，你可以拿出自己之前准备好的正式合同：“×总，通过这么多次的沟通，你应该已经掌握了我们公司这款产品的所有信息，现在可以签单了吧？”说完，可以将合同递给他，这是最简单的逼迫方法。当然现实中的情况会复杂一些，一些经验丰富的销售人员针对犹豫不决型顾客所提供的几个“逼单”的方法。

1. 假定顾客已同意签约

犹豫不决型的顾客，通常有购买意向，但却总是不能下定决心购买产品。此时，你可以试着采取这个方法：强行主导顾客的思维，并对其进行诱导，进而完成签约。比如顾客明白网络肯定是有益于公司的发展的，但是由于知识的欠缺，他表现出犹豫不决的样子。此时，推销员就可以抓紧时机对顾客说：“×总，您可以先做一个简单的网页，试一下效果，如果收效好了，再根据情况添加后台，这样做保险一些。您也可以尝试着直接把网站全面做起来，要么不做，要做就做最好的，反正花费也不高，您觉得呢？”这样的建议实际上是把顾客的思维直接引入到推销员这边了，此时顾客考虑的问题就不是做不做的问题，而是怎样做才好，合作事实上已经达成，推销双方的协议也已经达成。

2. 解除顾客的疑虑

有些顾客即便已经决定购买产品了，还是不会迅速签下订单，他们时常会在一些细节问题上自我琢磨，从而延误签单的时间。遇到这种情况时，推销员应该迅速转变说服策略，询问顾客相关问题，给予顾客最为清晰的解答，一旦所有的问题都解决了，顾客决定签单的时间也就到了。

3. 欲擒故纵

有些顾客已经对你的产品表示出了兴趣，所有关于产品的细节问题也已经得到了满意的答复，可是本性使然，他就是拖拖拉拉不签单。此时推销员不妨试试欲擒故纵这招。推销员可以装作要走的样子，慢慢地收拾自己所有的东西，在收拾东西的这一小段时间内，这类顾客可能就会下定决心签单。需要注意的是，这种方法要在适当的时间和场合才能运用，不然很容易被同行钻空子，从而导致机会白白流失。

4. 拜师学艺

有时候，推销员费尽所有力气也不能让犹豫不决型的顾客下定决心购买产品，不妨试试拜师学艺这招。比如你可以说：“×总，您也知道上网肯定是有利于你们公司的，估计是我能力太差了，没有办法让您下定决心购买我们的产品，既然这样，我就不强迫您了，我认输，不过在我放弃之前，您能告诉我我哪方面做得不到位吗，以后我好改正。”如此这样谦逊的态度，不仅可以缓解双方的气氛，还能满足对方的虚荣心，顾客可能会一边提出意见，一边鼓励你，此时合作可能又有希望了。

针对节约俭朴型客户的说话技巧

对大部分人来说，金钱是个很重要的东西，缺少它，生活可能会不那么顺利。因此，很多顾客都有一个良好的生活习惯，那就是勤俭节约。

“王总，想不想知道怎么可以减少贵公司的用电量？”

“马总，我们公司现在生产了一种产品，其运行速度很快，但是耗电量却很少。与你们现在使用的机器相比，我们的产品可以帮您降低生产成本。”

“张厂长，您想不想让您生产毛巾的成本每年降低5万元？”

几乎所有的顾客都对自己腰包里的钱很重视，能够省下钱是他们共同的愿望，节约俭朴型的顾客尤其如此。上面的这些推销话语通常是可以让节约俭朴型的顾客接受的。

节约俭朴型的顾客在所有的消费人群里属于比较保守的那类，因为多年的习惯，他们将节约视为应该遵守的生活规范，对于缺乏该项品质的人，他们通常会“看不惯”。

在购买商品时，他们一般不会挑选华而不实的产品，对待商品的态度上，他们表现得也很挑剔，总很爱挑新产品毛病，对你推荐的产品，他们可以想到多种拒绝的方法。

他们还有一个特点就是对数字很感兴趣，尤其在产品的价格方面，他们惧怕高价产品，价格越高，挑剔得越离谱。

你可能认为这种类型的顾客很小气，但事实并非如此，他们并不是“抠门”，只不过是勤俭节约的习惯使他们害怕浪费而已，对于购买商品，他们所持的态度是物有所值。面对这样的顾客，推销员不能夸夸其谈，谈话的重点不要放在价格上，而要注重强调产品的价值，如果你告诉他你的产品使用年限能抵得上别家产品的两个，那么他们将会表现出很大的兴趣。推销员要适时强调一分钱一分货，告诉他们你的产品价格高是因为有较高的质量及合理的售后服务，可以帮他们省去很多不必要的麻烦等。在说服过程中，要把不同产品的性价比说清楚，让对方明白，你的产品绝对物超所值，这样他们购买产品的可能性才会变大。

另外，在与节俭型顾客沟通时，要学会用数字的比较来引起他们的注意，比如，如果厂家的产品能够分期付款，你也可以告诉他，购买你的产品，分期付款的利息比别的地方少1／2，这样可以帮他省下一大笔钱，或者使用你的产品，就不用再多考虑其他设施，这样也能省下一部分钱，这样的说法对于节俭型顾客来说很有效。

小王是一家冰箱制造公司的销售员，但最近他碰到了一个难题，因为他在推销产品的过程中碰到了一个非常节俭的客户，说这位客户没有购买冰箱的意思吗，也不是，但是生意就是谈不下来，因为她很会算计，还会讨价还价。由于他以前还从来没有碰到过这样的客户，这令销售经验丰富的小王也一筹莫展。

这位客户叫王小姐，她家里确实需要一台冰箱，不然一到夏天，家里的食物就很容易变味。正是因为这样，小王也不想放弃这位客户。

于是他向自己的销售经理去请教，销售经理听完小王的牢骚，于是笑着对他说："小伙子，别着急，慢慢来。你要对她讲明白咱们的产品有怎样的先进技术、怎样的实际价值以及怎样的售后服务，让她明白一分钱一分货。"

小王从办公室走出来之后，在心里盘算了一下怎么跟客户说，拨通了客户的电话，开始给客户介绍自己的冰箱。"王小姐，我们的冰箱采用的是最先进的进口技术，用电量很低，但是保鲜的效果却很好，与其他类型的产品相比，我们的产品更省电，用电量只有普通冰箱的一半。尽管价格是要比别的冰箱贵一点，但是一分钱，一分货，我们的冰箱每个月都能给您省很多的电费呢。如果您使用别的冰箱的话，每个月需要200元的电费，那么使用我们的冰箱就只要100元了。"

"并且我们的产品保修时间很长，只要你购买了我们的产品，每一次我们都会免费为您维修，而且也不收取任何的服务费。别的产品尽管也不收维修费，但是他们需要您付服务费的，如果时间长了，这笔服务费用也是很客观的。"

听完小王的这些话之后，王小姐沉默了一下，便同意购买小王公司的产品，第二天叫小王上门去签单。

其实节约型客户尽管难以打交道，但是销售成功的可能性比其他类型客户要大一些，因为这些客户需要的只是一个合理的价格，能为他节省一点钱。只要销售员有一定的技巧，这种客户也是能攻克的。

针对墨守成规型客户的说话技巧

墨守成规型的客户一般都比较保守，这种类型的人在生活中不论做什么事情都比较有规律，讲究条理，不随便改变。而在消费观念上，墨守成规型的客户则总是喜欢在同一家商店购买商品，认准一个牌子的东西一直用，对其他的商店或者品牌则没有太大的兴趣。他们往往被一些先入为主的观念所左右，而一旦形成固定的印象就很难改变。这样的客户是最难说服的，往往销售人员费了很大的气力，但最终的结果却并不一定很好。

墨守成规型的客户更易接受物美价廉的商品，他们追求产品的优等质量，同时也希望价格比较合适，他们一般不会对太过高档的商品产生兴趣。

因为在他们看来太过高档、不实用的消费都是奢靡的，不值得提倡的。基于此，这一类型的客户接受新产品的过程也是比较缓慢的，他们需要对产品的质量以及其他多方面的因素进行综合考虑和检验。只有当他们最终确认产品是实惠的、安全的才会选购该产品。所以销售人员在面对这样的客户的时候，必须要拿出足够的耐心，急于求成只会让客户产生怀疑，使其本身所固守的心理防线更加难于攻破。

请看下面两个故事：

故事一

有一天，推销员张某自信满满地走进预约好的顾客S君的办公室里，见到S君后很礼貌地握了握手并问候了S君：“经理，最近还好吧？看了昨天的球赛了嘛，××队表现真差，那球给踢得，真是没法说了，×

（球星）还被罚了黄牌，够倒霉的。”顾客S君看起来一脸茫然，但是并没有说什么。

因为是来谈业务的，张某为了和S君套近乎，就开始询问S君有关家庭的问题。为了不冷场，张某从头至尾滔滔不绝，从天气谈到爱好，再从爱好转到自己推销的产品上。在双方沟通的大部分时间里都是张某讲话，S君面无表情地坐着，只是时不时地随声附和一下，也没有表示出对产品的兴趣。最后，这次谈话草草收场，双方明显地感觉到了谈话的失败，甚至连联系方式都没有留下。回到公司以后，张某开始抱怨，说今天见面的这个顾客这么刻板，一点合作的诚意都没有。与此同时，顾客S君心里也在抱怨，这个张某，就知道说些无关紧要的东西，怎么不多花些时间在有用的东西上面呢？

故事二

亨利是一个优秀的推销员，曾经在一家食品批发公司工作。由于工作年限比较长，亨利结合自己本身的特点，并从顾客的角度出发，发明了一种推销工具，叫作“推销相簿”。

亨利的“推销相簿”上贴着数十张形色各异的彩色照片，这些照片的主人公都是他的老顾客，相簿以一种独特的形式记录了亨利顾客的成长变化以及顾客们开心微笑的时刻。亨利在每次推销过程中，都会把这个“推销相簿”给他的新顾客欣赏，在新顾客浏览相簿的时候，亨利就会穿插一些产品的介绍，并时不时地回答顾客的问题，推销常常就在不知不觉中完成了。这本相簿对于亨利来说意义重大。

在故事一中，张某与S君谈话的失败，是因为他没有准确把握S君的个性特点。对于墨守成规的顾客来说，滔滔不绝并不是一个良好的沟通方式，而最好的说服方式就是以事实说话，就像故事二中的亨利，用相册表明他的服务是最好的，他的产品得到了大家的认可，大家都很信赖他。在得到墨守成规型的顾客认可后，就要明白这类顾客需要什么样的产品，像故事中说的那样，他们需要实用的东西，这类顾客通常不愿意尝试新的东西，但是如果你能够让他意识到你的产品对他们有用，那么恭喜你，合作可以开始了，你的推销会取得成功。

小王是一个负责推销某品牌洗衣机的销售人员。一日，他来到一个客户的家里做推销，接待他的是一位带着明显警惕表情的中年妇女。

小王一边和客户谈着，一边观察客户家里的家具陈设。他发现客户家中的摆设整齐而大方，虽然有些家具牌子已经比较老了，但是很明显质量还是非常不错的，整个房间有着一种强烈的古朴味道，而且家电陈设方面基本上都是同一个品牌。此外，结合这个中年妇女的言谈，小王基本可以断定女主人是一个生活作风颇为保守的人，她对于产品的要求更加注重质量，其消费观念虽然不是很时尚、前卫，但是却也比较注重生活品质的，消费水平属于中上等。

在获得了这些比较直观的印象之后，小王心中便有底了。他首先找了个话题，谈及了女主人家的家电，说女主人有眼光，选的产品质量好，价格又适中，而且也很符合家庭布局的格调。无疑女主人听了十分开心，在言谈中还透露出一些自豪感，她说当时全部家电都是由她来负责选购的，而且丈夫也很满意，不仅质量好，还省下了一大笔钱。小王于是乘机夸赞女主人能干，有主见，并且顺便把谈话的主题转移到了自己所推销的洗衣机上，说女主人忙家务一定很累，而自己推销的洗衣机则可以给她带来很多方便，保证她的丈夫也会喜欢。接着他自然而然地把自己推销的洗衣机的性能、价位、售后服务等信息详细地向女主人做了说明。当女主人通过对比发现这款洗衣机确实适合自己时，便对产品产生了浓厚的兴趣。小王还不失时机地对女主人说，他所推销的洗衣机质量的确很好，而且还可以首先试用一周，这样又给客户吃了一颗定心丸。

后来女主人试用以后感觉非常满意，甚至很干脆地购买了两台洗衣机，一台自己用，一台送给了婆婆使用。

墨守成规型的客户总会对自己之前使用的产品情有独钟，要想让他们接受一些新的产品是比较困难的事情，但是毕竟他们还是喜欢更加安全、更加实用、更加优质的产品的，所以这是一个很好的突破口。销售人员要让客户在实际的对比中，发现新产品有更好的性能，这样就会慢慢地改变客户的观念，让他接受你的商品了。对于销售人员而言，只要能够给客户澄清其中的利害关系，并且能够提供物美价廉的商品，还是可以很轻易地打动客户的心的。

针对刨根问底型客户的说话技巧

有的客户对什么问题都爱刨根问底，只要他一开口，无论销售人员说什么，他都会进行提问，一直问个不停，仿佛没完没了似的。

客户："你们店里的东西包装得很好，常使客户很满意，里面装的东西，是不是也一样呢？"

销售人员："这是我们店自创业以来50年的传统，一向都如此。"

客户："你们的传统又是什么？"

销售人员："光顾本店的客人，大都是很高雅的人士，所以形成本店的高雅风气，××杂志也曾有过这样的报道。就因本店有这样的客户，所以才以尊重传统风气，作为本店经营的方针。”

客户：“嗯！是这样啊！可是又为什么……”

有些客户就像这样有一句没一句地问个没完，销售人员也许会把这种人归到难缠的客户之列，不过对这种客户，也不能一概而论。像这种追根究底的客户，大致可分为四种类型：

（1）具有孩子般好奇心的客户。

（2）具有学者涵养态度，喜欢探究自己所关心的事。

（3）本性就属于喜欢追究又爱聊天的人，这种类型的客户以女性居多。

（4）由于个性的关系，总要追究到底弄个明白，这种类型的客户大多具有自卑感。

碰到上述这些类型的客户时，销售人员必须先找出客户为何追根究底的原因，再加以应付，才能成功地完成销售任务。

第一种类型的客户并不重视事实，销售人员只要跟他说明，让他产生认同感，他就会觉得满足，就像是对付小孩般的回答方式，就可以了。

对于第二种类型和第四种类型的客户销售人员就必须拿出证据，证明的确是事实才可以。

对于第三种类型的客户，销售人员只要跟他谈如何交货和一些商场上的批评，他都会很乐意听的。

第二种类型的客户或许会问你：“为什么同样的商品，客户们都喜欢买你们店的？”你可以这样回答：“我想这件事客户大概也知道，在我们公司总部附近地区，我们共有四家分店，本来四家分店的包装纸是不一样的。可是逢年过节时，我们发觉客户都不喜欢用其中一个分店的包装纸，于是我们就请某大学的研究所，帮我们做了一次市场调查，结果显示人们似乎都不喜欢在那一分店买礼物。所以我们才决定，把所有分店及总公司的包装纸都换

成那种受欢迎的包装纸。”

应付第四种类型客户的问题，可以这样说：“为什么本店格调较高，我也不清楚，但是根据大学的研究结果显示，风度及学识愈好的人，尤其是中年以上的人，比较讲究传统、重视传统。因为小店历史悠久，大家对于本店，多少也有点怀旧的心理，不过你这个问题，的确是把我问倒了。”

像这样谈谈自己的成就，同时也满足对方的优越感，更能吸引客户。总之，必须先满足客户的求知欲后，才能最终达成交易。

针对专家型客户的说话技巧

现代很多推销行业，客户都多少了解一点，特别是保险。有的人一见到保险业务员就开口道：“你别说了，我比你知道得多，保险的险种有很多，比如……”说得也头头是道，弄得销售员不知所措，一头雾水，继而只能放弃推销掉头便走。

专家认为，这类客户，自以为很伟大，就像一个上司正在做报告一样，令你毫无对策。当你向他推销产品时，他表现出一种不屑一顾的态度，总以为你懂的都在他的知识范围内；当你转移话题，将说话的内容转到谈一些层次比较高的事情时，他也不感兴趣；反正，他永远都是“专家”，有时还给你提点儿刻薄的问题，让你下不了台。

这种客户的心理有以下两种情况：

1. 销售员没有什么了不起

总以为对方和自己有很大的差距，因而在内心产生一种优越感。他们自认为是高一层次的人，对那些他们认为是低一等的人不屑一顾，对保险销售员更是如此。

形成这种心态可能源于他们非常讨厌销售员，特别是一些登门拜访的。所以他们自己以狂妄的态度来对待销售员，觉得销售员层次低。

2. 不要与这些销售员接近

高高在上的人，不容许别人谈论自己的缺点，同时也将自己的弱点深深地隐藏起来。这一类人，假装对某领域很专业，其实可能只是道听途说，以一种高姿态来对待销售员，意思是：我是专家，快点走吧！我都明白，不必再介绍了。

人的气质性格与后天因素有很大关系，其所处的环境对性格起着很强的作用。像这一类客户害怕自己掉入你的陷阱，怕被强卖于身，所以不敢让你介绍。他们这是在防卫，不得不用某种方式来进行自我保护，但他们同时也希望能引起他人的注意，希望别人给予他很高的评价。

这一类客户，保险推销员很难对付。他们很难友好地与人交谈，更不必说与他们开开玩笑、说说俏皮话之类的。但是，如果对他们做一番仔细的研究，你会欣喜地发现，这类客户其实是最好对付的一种，只要你采取了恰当的方式。

客户："你别说了，我来说，你听……"

你："好的，我向您请教了！"

当他说完后，你还要加以夸赞一番："哇！你对我们的产品很关注呀！"或"不错，你讲得太对了，你真是专家。"

当客户正陶醉在自大的感觉中时，你可以突然提问题："先生，你所知道的还有什么呢？"他可能还知道，让他接着说。当他说："我不知道了。"这时你就可以发表自己的意见了。

"那好，我站在客观的角度帮你补充几点可以吗？我觉得你对我的产品很感兴趣，应该会听的，你说是吗？"

不让对方回到现实，应继续恭维，让他继续漂在"自高自大"的感觉中。

他肯定会回答说：“嗯！说吧！”

这样你就算击破了他的第一道防线。

针对精明型客户的说话技巧

在销售过程中，我们也常会遇到这样的客户，他们工作认真、处事谨慎，对细节问题把握得十分精确。在与之沟通时，他们通常会表现得小心翼翼，对销售人员的第一印象十分关注。如果你在初次与之交谈时留下不好的印象，那么将来的合作可能也会困难重重。此外，他们讨厌欺骗，哪怕是善意的谎言。这种类型的客户被称为精明型的客户。精明型的客户包括“尽责型”和“执着型”两种类型，针对他们具体的销售方法应该因人而异。

1. 对“尽责型”客户来说，行为规范很重要

“尽责型”客户的共同特征就是有很强的分析能力，做事很严谨，任何问题都逃不出他们的眼睛，经他们手的工作一般都是万无一失的。因为这样的特点，使得他们对人对事都很挑剔，他们不会轻易相信一个人。在所有客户中，这种类型的客户属于比较“难缠”的那一种。当然问题总有解决的方法，对待这样的客户，要懂得分析他们的要求，在与之谈话时要保持真诚，使其具有安全感。

与这样的客户相处时，你的一切都要以一种井井有条的状态出现，尤其是对细节的把握方面更要注意。

小吴是一家化学原料公司的我销售人员，公司生产的主要产品是化学试剂，质量很好。一家农药厂需要一批化学试剂，小吴就去这个厂子推销自家的产品。刚开始推销时，小吴就是简单地“游说”，根本没有

考虑该客户的特点，结果沟通了好几次，单子也没有签下来。尤其是当小吴说出该老板的同行买的也是自己公司的产品时，该客户竟然有些疏远小吴，最后小吴终于败下阵来。

不久后，小吴的同事小王接手了这笔业务，他分析了该客户的类型，于是在拜访前先把自己产品的各项资料准备好，在与该客户沟通时，把说话的重点放在技术方面的讨论上，把产品的各项技术难题都解释给该客户。结果不久后，该客户就签订了这笔业务。

“尽责型”客户讲求事情的准确性，他们的分析能力和观察能力很强，因此掌握一定的数据对他们来说很重要。在与之合作时，应尽可能多地提供一些准确的资料。与标新立异型的客户相比，“尽责型”客户不喜欢攀比，即使他的朋友已经买了你的产品，你也不要以为他会埋单，他们购买产品往往要通过自己多次分析之后才下定决心的。

此外，对待“尽责型”客户还应注意以下几方面事项：

从工作方面来讲，你的思路要清晰，方法要具体明晰，态度要严谨。

从生活中来讲，你的着装必须得体，你的行为必须规范，最好不要有什么不良习惯；谈话时要冷静，切勿急躁；谈话内容要有条理，最好能有专门的笔记；谈话的时候记录下对方的要求，让对方明白你是在认真倾听。

他们喜欢你对你所销售的产品作详细说明，以便了解到更多关于产品的信息。当然，在说明这些信息时，要保持其真实度，千万不能夸大其词。

不管怎样，销售人员的整体行为规范要和这类客户的习惯相近，这样你才有成功的可能性。

对于销售人员来说，这样的客户可能在前期属于比较难合作的对象，但是从长期来看，这类客户是最稳定的类型。一旦他们同意与你合作，那就代表他们相信你，你已经通过了审核。当然，在他们成为你的固定客户后，你也不能懈怠，因为他们有善于观察的本性，如果你有丝毫怠慢或者欺骗的成分，那么合作很可能会被终止。

以上是“尽责型”客户的基本特征以及应对策略，这些同样适用于“执着型”的客户。当然，应对“执着型”的客户，还应该有些特别的技巧。

2. 对于“执着型”的客户来说，道德规范很重要

与“尽责型”客户有相同的特征，“执着型”客户也生性稳重，做事仔细，工作态度严谨。不过与之不同的是，他们更注重合作对象的道德水准。

他们可以忍受对方在立场方面的瑕疵，但是，如果对方的道德水准过于低下，那么双方的合作将会变成不可能的事情。

与这样的客户合作时，一定要保持真诚的态度，要确保他们对你完全信任。需要提醒的是，在与这类人合作时，一定要清点一下自己的销售记录，如果曾经出现过某种问题，要及时弥补。若被这类客户发现，你的可信度会立即降低，合作的成功率也会大打折扣。

这一类的客户还有一个很大的特点，就是很少买陌生人的东西，他们更愿意从有多年交往经历并十分信任的人那里买东西。这里有一个“三年规则”的典故，讲的是商家如果到美国北卡罗莱那州东部的小镇上做生意，一定要有足够的耐心熬过生意的头三年，如果没有足够的勇气，那就请放弃。因为这里的人们普遍喜欢观察，他们会观察你的以下方面：你是否可靠，你是否能够说到做到，有没有社会责任感，是否有爱心，对待义务工作的态度，是否有一个和睦的家庭，是否诚实，是否言行一致。如果你能顺利度过这三年，那说明你的道德规范符合他们的要求，你已经通过了这些人的“考试”，随后你将得到人们的信任，光顾你店铺的人将会越来越多，你的生意之路即可得到转折，即使有时你的产品比别人的价格高一些也没有什么关系。

总的来说，与精明型客户合作不能过于着急，也不要总是一味地“损人夸己”，对待工作要尽职尽责，给客户留下一个可靠的印象。最重要的是万事以规范为主，只要你做事的方法符合他们的规范要求，那就代表你已经取得了他们的心。

第六章

嫌货才是买货人，化解客户的异议

化解客户的异议，赢得客户的信任

在销售过程中，客户会随时提出各种疑问或是用各种理由来挑剔商品，包括对商品的性能、质量、外观、价格、售后服务等方面有不清楚、需要进一步解释的问题，或是对商品不信任而产生的某种疑义，也有可能是其他的异议。

客户对商品提出反对意见是销售活动中的一种必然现象，它既是成交的障碍，又是客户有购买意向的征兆。如果客户没有购买的兴趣和动机，也就不必在商品上多费心思和口舌了。实际上，客户的反对意见使他参与到了销售活动中来，说明他期望与销售人员沟通信息。所以你若想成功地销售你的产品，就必须作好应付和消除顾客异议的准备。

某商场负责采购的经理在采购一批某厂家的洗发水时，由于想在价格上争取到最低折扣，因此他就挖空心思地去找毛病。并且，在抽样中，还真的发现了一瓶分量不足的产品，于是便趁机以此为理由，采取不依不饶的态度，坚决地讨价还价。

不料，厂家派来的销售员的经验非常丰富，他很平静地回答了这位经理："经理，你知道美国有一个专门生产军用降落伞的工厂吗？其产品的不合格率为万分之一。当我们听到这个数字时会不会为他的高质量感到惊讶呢？尽管不合格率很低，尽管质量已经非常好，但同样意味着，在一万名士兵中就会有一名士兵因降落伞的质量问题而牺牲，无论是落到谁的头上，都是残忍的。当然，拿士兵的生命开玩笑是他们不能容忍的，同样军方也是不能容忍的。于是，他们在每次进行抽检产品时，就会让工厂的主要负责人亲自跳伞做试验，从那以后，产品的合格率为百分之百。同样的道理，如果你们提货后，能将那瓶分量不足的洗发水赠送给我的话，我将会和公司的相关负责人一起分享。这可是我公司成立15年以来，首次使用免费产品的好机会啊！”

这位销售员的回答非常有水准。首先，他讲了一个故事，通过这个有一定幽默性的故事来缓和一下僵持的气氛，并以此来减少客户的烦躁心理。然后，在后面的解说中，销售员阐述了拒绝的理由，即在合格率上告诉客户，这份不合格产品存在的合理性，从而让那位采购经理无话可说。

在销售洽谈过程中，顾客往往会提出各种各样的异议，并且这些异议自始至终地存在于销售过程中。这既是整个销售过程中的一种正常现象，也是使销售走向成功时必须跨越的障碍。从这个意义上说，每当遇到顾客异议，才算整个销售工作的真正开始。因此，正确对待并妥善处理顾客所提出的有关异议，是现代销售人员必须具备的能力。销售人员只有正确分析顾客异议的类型和产生的原因，并针对不同类型的异议，采取不同的策略，妥善加以处理，才能消除异议，促成交易。

一个销售员要想获得成功，必须正确对待和处理顾客的异议，在处理异议时至少要遵循以下几个原则。

1. 事前做好准备

“不打无准备之仗”是销售人员战胜客户异议应遵循的一个基本原则。销售人员在走出公司大门之前就要将客户可能会提出的各种异议列出来，然后考虑一个完善的答复。面对客户的异议，做一些事前准备可以做到心中有数、从容应对，反之，则可能惊慌失措、不知所措，或不能给客户一个圆满的答复以说服客户。国外（尤其是美国和加拿大）的许多企业经常组织一些专家来收集客户的异议，制订标准应答用语，并要求销售人员牢记、运用。在实践中，编制标准应答用语是一种较有效的方法，具体程序如下：

步骤1：把大家每天遇到的客户异议写下来。

步骤2：做分类统计，依照出现频率排序，出现频率最高的异议排在最前面。

步骤3：以集体讨论方式编制适当的应答用语，并编写、整理成文。

步骤4：请大家熟记在心。

步骤5：由老销售人员扮演客户，大家轮流练习标准应答用语。

步骤6：对在练习过程中发现的不足，通过讨论进行修改和完善。

步骤7：对修改过的应答用语进行再练习，并最后定稿备用。最好是印成小册子发给大家，以供随时翻阅，达到运用自如、脱口而出的程度。

2．要听顾客讲完

当顾客不断地提出异议，其实就为你提供了说服顾客的资料。如某位鞋店老板，就深谙这种道理，尽量让对方说出她想要说的话，等她把心中所想的全部显露出来，丧失提出问题的资料时，以后就会按照我方的意愿进行，而成功地卖出适合顾客需要的鞋子。如果顾客说了几句，销售员就还以一大堆反驳的话，不仅打断了顾客的讲话而使他感到生气，而且还会向对方透露出许多情报，当对方掌握了这些信息后，销售员就处在不利的地位，顾客便会想出许多拒绝购买的理由。结果当然就不可能达成交易。

3．选择适当时机

美国某权威机构通过对几千名销售人员的研究发现，优秀销售人员所遇到的客户严重反对的机会只是普通销售人员的十分之一，主要原因在于：优秀的销售人员对客户的异议不仅能给予一个比较圆满的答复，而且能选择恰当的时机进行答复。可以说，懂得在何时回答客户异议的销售人员会取得更大的成绩，销售人员对客户异议答复的时机选择有四种情况：

在客户异议尚未提出时解答。防患于未然是消除客户异议的最好方法，销售人员觉察到客户会提出某种异议，最好在客户提出之前就主动提出并给予解释，这样可使销售人员争取主动，做到先发制人，避免因纠正客户看法或反驳客户的意见而引起不快。销售人员完全有可能预先揣摩客户异议并抢先处理，因为客户异议的发生有一定的规律性，如销售人员谈论产品的优点时，客户很可能会从最差的方面去琢磨问题；有时，客户没有提出异议，但其表情、动作及措辞和声调却可能有所流露，销售人员觉察到这种变化时可以抢先解答。

在异议提出后立即回答。绝大多数异议需要立即回答，这样，既可以促使客户购买，又表示对客户的尊重。

过一段时间再回答。以下异议需要销售人员暂时保持沉默：当异议显得模棱两可、含糊其辞、让人费解时；当异议显然站不住脚、不攻自破时；当异议不是三言两语就可以辩解得了时；当异议超过了销售人员的能力水平时；当异议涉及较深的专业知识，不易为客户马上理解时……急于回答客户的此类异议是不明智的。经验表明：与其仓促答错十题，不如从容答对一题。

不回答。许多异议不需要回答，如无法回答的奇谈怪论、容易造成争论的话题、废话、可一笑置之的戏言、异议具有不可辩驳的正确性、明知故问的发难等。销售人员可以采取以下处理技巧：沉默；装作没听见，按自己的思路说下去；答非所问，悄悄扭转对方的话题；插科打诨幽默一番，最后不了了之。

4. 不要跟顾客争论

顾客提出异议，意味着他表示需要更多的信息。一旦与顾客发生争论，拿出各种各样的理由来压服顾客时，销售员即使在争论中取胜，然而却彻底失去了成交的机会。

销售员在遇到异议时，还必须把顾客和他们的异议分开。也就是说，要把顾客自身同他们提出的每一个异议区别开来。这样，你在突破异议时才不会伤害到顾客本身。要理解顾客提出异议时的心理，要注意保护顾客的自尊心。如果你说他们的异议不明智、没道理，那么你就是在打击对方的情绪，伤害他们的自尊心，尽管你在逻辑的战斗中取胜，但你在感情的战斗中却失败了，你不可能获得成功。

5. 引导顾客回答他们自己的异议

成功的销售员总是诱使顾客回答他们自己的异议。有一句销售格言："如果你说出来，他们会怀疑；如果他们说出来，那就是真的。"顾客提出异议，说明在他们的内心深处想进展，只要引导他们如何进展就行了。只要你在这方面努力，给顾客时间，引导他们，大多数顾客会回答他们自己的异议的。

对客户的异议做出准确的判断

在与客户面对面沟通时，销售员首先要学习的是对客户的反应做出准确的判断，避免一厢情愿地认为客户会怎样。有玫琳凯销售皇后之称的杰西·卡娜说："销售人员经常犯的一个错误是，他们很轻易地就根据客户的第一反应对客户下了断语，结果却忽略了很好的潜在主顾。"

美国前总统里根经常对下属讲这样一个故事：

在某个星期天，一位年轻的牧师开始做他的第一次讲教义，他的心情无比地激动。但是，情况并不像他预料得那么好，整个教堂只坐了一个人，显得空荡荡的。

于是，牧师很失望，就问那个人：“你觉得我该怎么办呢？”

那个人回答道：“我不大清楚，我只是一个养牛的。不过，如果我的牧场只有一头牛的话，我还是会喂养他的。”

于是，牧师便走向讲坛，开始滔滔不绝地讲道，把他早已准备好了的讲词热情地讲了一遍。完毕后，他问那个人：“你觉得怎么样？”

那个人回答：“我不太清楚，我只是一个养牛的。不过如果我发现牧场只有一头牛的话，我是不会把全部的饲料都塞给它的。”

上面这个故事告诉销售员，当你与人沟通时，一定要细心地观察对方的反应，并根据对方的反应，来确定你下一步的策略，否则你做什么都是无用功。对销售来讲，销售人员在与客户沟通的过程中，必须注意客户的反应，对客户的不同反应采取相应的措施，如果销售人员没有在这方面做任何准备，那么在遇到客户提出的异议、不满以及拒绝时，就会感到措手不及。

优秀的销售员会细心地观察客户的反应，留心客户的一举一动，了解客户的需求信号和购买倾向，从而采取相应的对策来增加交易成功的机会。与客户面对面地沟通时，客户的反应是不同的。当客户不断地提问题时，表示客户对你的产品或者服务具有高度的兴趣，你只要针对问题给予专业性的解说，让客户获得满意的答案就可以了。反之，则表明客户对你的产品或服务缺少兴趣。

判断客户是否在专注地倾听你说话可以从他的眼神中判断出来。如果客户的眼神随着你的说明开始正视你或者产品，代表他对商品有兴趣；如果客户的眼神飘浮不定，那么代表客户对你或者你的产品不在乎，关心度低。

另外，如果客户提出了各种条件，如讨价还价、要求赠品、要求延长保质期等，这都是很明显的购买信号，客户要把握好成交时机。如果客户对你的介绍和成交价格没有提出任何要求，说明客户无意成交。

销售人员了解了客户的种种反应后，应该结合实际情况，根据客户的不同反应采取灵活的技巧加以应对，主要的应对技巧如下：

1．应对客户对产品的质疑

对产品提出各种各样的质疑是大多数客户在购买产品之前都会有的反应。面对客户提出的种种质疑，销售员要表现得信心十足，同时要端正态度，向对方传递出良好的信誉信息，拿出可以证明产品各种优势的真凭实据，然后在这一基础上根据客户提出的不同意见进行洽谈。

当然，客户有时提出质疑只是其他问题的借口，比如，客户说产品的质量不好，可实际上他更关心的是产品的价格。所以要弄清楚客户真正关心的因素，才能有效地解决客户质疑。

在一次展销会上，一位打算买冰箱的顾客指着不远处的另一个展台，对销售人员说："那种××牌的冰箱和你们的这种冰箱是同一类型、同一规格的，但它的制冷速度比你们的快，噪声也比你们的小，看来你们的冰箱不如××牌的啊。"

销售人员答道："你说得不错，我们的冰箱噪声是大了点，但是仍然在国家标准允许的范围内，不会影响你和家人的生活与健康。我们的冰箱制冷速度慢，可耗电量比××牌的少得多。再说，我们的冰箱在价格上要比××牌的便宜得多，而且保修期长达6年，还是上门维修。"客户听后，脸上露出满意的神情。

2．应对客户的直接拒绝

遭到客户直接拒绝是销售员常遇到的情况。应对这样的客户，最重要的是在沟通之前明确对方的要求，然后通过最简洁的方式指出来。你要时刻保持最亲近的微笑和最周到的服务，俗话说"伸手不打笑脸人"，你对客户的态度特别好时，他们也许会对你以礼相待。

如果客户说：“我没有时间！”销售员可以说：“我能理解，我也总是觉得时间不够用。不过只要三分钟，你就会相信，这是一个对你绝对重要的议题。”

如果客户说：“我没有兴趣！”销售员可以说：“是，我完全理解。对一个手上没有资料又不相信的事情，你当然不会立刻就产生兴趣，有疑虑是自然的。让我来为你解说一下吧，你看什么时间合适呢？”

3．应对不做任何反应的客户

经验丰富的销售员都知道，客户拒绝或者提出质疑都不是最可怕的，因为销售人员可以根据客户的反应，掌握一定的信息，有助于下一步行动的展开。但如果客户没有反应，一言不发，脸上没有任何表情，销售人员就无法掌握进一步行动的信息。

面对客户不做任何反应的情况，销售员不应该再继续介绍产品，而应该想办法借助提问或者表示亲近的方式，引导客户参与到沟通活动中来，只要客户参与进来，下一步的工作自然就可以展开了。

对症下药，化解客户的各种拒绝理由

在销售的过程中，由于多方面的原因，客户对本可以成交的销售忽然拒绝，并找出了很多理由或借口拒绝。面对这种情况，销售人员要把握住正确的态度，要冷静、沉住气。只有冷静才能从借口中来发觉客户的需求，才能把拒绝转换成每一个销售机会。

经研究表明，客户拒绝销售员往往是处于一种习惯性使然。就像人们一般都会对自己的现状不是很满意，渴求改变，但同时又会对一些新事物抱有一些抵抗情绪，自然就会出于对新事物的不够了解和不能把握而排斥新事物，因此在大多数情况下还是感觉维持现状比较踏实些。所以，销售员在和客户的沟通过程中，要排除客户这些习惯性的拒绝，跨过这些不必当真的拒绝。在下面的拒绝方式中，由于大部分客户都是习惯性的抗拒，所以销售员不要直接放弃，而是应深入进去，找到客户真正拒绝的原因，然后再逐一解决。

1. 我没有钱

此时，顾客心理动机无非有这么几点：价格太高，他想获得更多的优惠；他现在确实手头很紧，没有那么多的钱；对介绍的产品不感兴趣，不想购买；他想试着让价格降得低一些；过去不是怎么爱花钱，现在突然花这么多的钱，一点都不值得。

首先要弄清顾客的动机是什么？然后可采用幽默风趣的方来化解顾客的疑虑，比如幽默地向顾客说姐，像您这样有身份有品位的女士，这点钱还会在乎吗？还可以使用下危机的方式暗示顾客自己就算不花钱老公也会花的，然后举例说明即可。一般通过这两种手法很轻松就可以达到让顾客提高购买产品的意识和下定决心购买产品。

2. 产品太贵了

顾客心理动机也许有以下几个：他想获得实惠，而表现出想让销售人员降价的意愿；产品的包装形象看上去不值那么多的钱；他很想买，可是价格太高了，负担不了；他只是来看看，并不想购买，说价格高就是为了能脱身。

化解方法：我们的产品就是针对白领及成功人士研发的；我们的服务到位，环境好。其他地方价格虽然便宜但是服务、环境、价格、品质……我如果有钱的话，绝对不敢去；是的，刚接触这个品牌的时候，我也觉得贵，可

是看着使用过的顾客一个个脸上满意的笑容的时候，我就觉得产品不是贵不贵的问题，而是能不能帮助顾客解决问题你说对吧？您和什么样的产品相比较？那您想要什么样价位的产品？高档的？还是一般的？

当顾客提出这样的拒绝时，首先要注意顾客的表情，如果表现出惊异的表情则说明顾客接受不了这样的价格，如果面部表情没有太大的变化而说产品价格太贵了，则说明顾客可以接受这样的价格，目的是想让价格降得更低，使自己获得更多的实惠。如果顾客说价格太贵，而又没有下文则表明顾客没有购买产品的欲望，具体的回应应根据具体的情况而定。

3. 价格太高了

顾客心理动机可能有以下几个方面：他想获得更多的优惠；产品价格也太高了，得便宜些！这个产品的价格与产品本身不等值，不值那么多钱；他就是随便看看，用价格高来脱身。

化解方法：只是因为价格吗？除了价格还有其他的吗？姐，一分价钱，一分货，像您这么有身份、有地位的成功女性（白领，有气质，优雅，富态）当然要选择适合您身份的产品对吗？太便宜的怎么拿出手啊！再说了，便宜没好货您说对吧！同样价钱，我们的品质是最好的！化妆品便宜的都是含铅或汞对身体有害的，您敢要吗？我们的是纯天然的。

说服顾客的最好办法就是首先和顾客的声音、声调、肢体语言和面部表情相配合，使顾客感到亲和感，从而拉近顾客的距离，然后再探知顾客心理，具体方法可采用上堆和下切的沟通方法了解顾客的真正意图，明确顾客意图后可对应以上话述化解顾客消费疑虑。

4. 我没有时间

顾客心理动机大多是因为她很想做美容可是真的很忙没有时间；她对你介绍的产品不感兴趣！她在这里做不做都无所谓；你这里产品的价格有点高，便宜点或许她会考虑在这里做美容。

化解方法：只是因为没有时间吗？时间不还是您安排出来的嘛！之所以没有时间是因为您从来都没有计划过对吗？一点时间都没有吗？看来姐您还是挺在乎美容的，只是因为没有时间才不做是吧！（是的。）嗯，假如说有时间的话您一定会做，对吗？（是的。）为了您的美丽和健康，那让我们为您计划一下时间好吧！（接着可以将顾客的一天的工作安排情况列出来，按重要、紧急，不重要、紧急，重要、不紧急排列。）凡是懂得爱美，有身份有地位的女士每周一定会最少抽45分钟来做美容的；很多顾客开始的时候都说没有时间，可是尝试的做过几次后，发现在美容院做美容，不但起到美容的效果，还能放松身体并且工作的时候特别有精神，好几个顾客因为在美容院做美容还升职了呢！

遇到此类型问题首先采用上堆和下切平行的沟通方式弄清顾客的真正意图，然后再采用跟带的方式改变顾客的价值观，使顾客明白要想美丽要想健康就必须付出时间。

以问代答，巧妙提问化解异议

“买卖从客户说不开始”。客户的异议既是成交的障碍，也是成交的信号。“推销的主要任务就是答复客户的反对。”对客户的异议要认真对待，分析原因，努力化解。

很多时候，客户提出异议时会问出各种各样的问题，或者摆出五花八门的理由来。这时，销售人员面对客户的异议时，不妨采取以其人之道还治其人之身的办法，用巧妙的提问替代解答异议方式，将客户的种种问题一一化解开来。

“你的东西是很好，不过，现在我还不想买！”这位顾客提出了有关的购买时间异议，直接阻碍成交。经过分析，推销人员无法确定上述顾客异议的真实根源。由于不明确有关顾客异议的性质和根源，推销人员就不能反驳和否定顾客的异议，也不能利用和转化顾客的异议，更不能肯定和补偿顾客的异议，而应该使用询问处理法来处理有关顾客异议，直接追问顾客：“易经理，既然东西很好，为什么您现在不买呢？”在这种情况下，顾客提出了有关的购买异议，直接阻碍成交，推销人员可以使用询问处理法，直接追问顾客，找出异议根源，再进行下一步的处理。

“好了，不管你怎样说，这东西就是不太好！”这位顾客提出了有关的产品异议，直接阻碍成效。经过分析，推销人员无法确定上述顾客异议的真实根源和性质。对于这类真相不明的顾客异议，应该使用询问处理法，直接追问顾客：“邓经理，请问，您说这东西不太好，为什么呢？”在这种情况下，顾客提出了有关的产品异议，直接阻碍成交，推销人员可以使用询问处理法直接追问顾客，找出异议根源，再做其他处理。

“就这玩意儿，要五万块钱？”这位顾客提出了有关的价格异议，直接阻碍成交。经过分析，推销人员无法确定上述顾客异议的真实根源和性质。由于不了解有关顾客异议的性质和根源，推销人员应该使用询问处理法，直接追问顾客：“马主任，就这玩意儿，您说要多少钱呢？”在这种情况下，顾客提出了有关的价格异议，直接阻碍成交，推销人员可以使用询问处理行相反的推销提示，达到否定的目的，找出顾客异议的根源，再做其他处理。

从上述实例中可以看出，通过提问处理法，销售人员可以进一步了解客户，从被动地听客户申诉异议转为主动的提出问题与客户共同探讨，获得更多的客户信息，为进一步销售奠定基础。因此，发问是一个被广泛应用的处理客户异议的方法。

乔·库尔曼是美国金牌保险推销员，也是第一位连任三届美国百万圆桌俱乐部主席的推销员。他成功的秘诀之一就是擅长渗透性提问，如顾客说“你们产品价格太贵了”，他会问：“为什么这样说呢？”“还有呢？”“然后呢？”“除此之外呢？”……并且在提问之后马上闭嘴，尽情地让顾客说。“顾客说得越多，表示越喜欢你”，这是每个销售人员都应该记住的一句话。

通常顾客一开始说出的理由不是真正的理由，提问的好处在于你可以挖掘出更多的潜在信息，更加全面地做出正确判断。而通常当你说出“除此之外”的最后一个提问之后，顾客都会沉思一会儿，谨慎地思考之后说出他为什么要拒绝或购买的真正原因。

对于销售员来说，会问比会说更重要，如果能通过询问掌握客户产生异议的真实原因，就能从根源上消除客户的异议。

1. 把反对问题转化成一个问题

10本书分开放和叠在一起，哪个看起来多？当然分开放感觉上多，这是人的视觉印象。三个问题转化为一个问题，哪种想起来烦？当然是三个。三个问题心理上压力大，这是人的心理错觉。

客户说：“我觉得保险不好。”“理赔不干脆。”“我没钱。”

问题不少，让销售人员一头雾水，而客户本身也自以为：“这么多问题存在，我不买保险是有道理的。”

有经验的销售人员就会指出：“保险不是不好，是您找错销售人员了；理赔不是不干脆，而是文件不齐。其实您真正的问题只有一个，就是

‘钱’。您想吃饭，没钱就不吃吗？您想买房子，钱不够就不买吗？不是的，关键在您是不是觉得这东西对您很重要？如果重要，您就会设法筹钱，对不对？”

把一堆问题转化成一个问题，问题就好解决了，这是应付拒绝的绝招。

2. 利用周围事物化解客户的异议

为了更好地化解客户的异议，不妨多多利用客户周围的事物作为题材，一般人都有一个共同的心理，与自己无关的事终究是他人之事，很少会付出真正的关心；但是一旦事关自己，则已心大乱！

客户：“我家小孩根本不爱念书，买了也没用！”

销售人员：“如果做妈妈的都放弃的话，还有谁来关心孩子的作业呢？那盆茉莉开得真漂亮，是您种的吧？”

客户：“是啊！”

销售人员：“每天都要浇水吧！您对一盆花都那么爱惜关心，为何会对孩子的事不管呢？孩子也跟花一样，花需要浇水施肥才会开得漂亮，否则很快就枯死了。同样的，孩子也需要有人细心呵护，不断供给养分，如果因为孩子不爱念书就不买书给他，那孩子只会更不想念书，您说是吗？”

总而言之，销售人员可利用的题材很多，以眼前看得见的物品做比喻，更具有说服力，同时也可利用亲切感改变客户执意拒绝的心意。因此，销售人员拜访前不妨事先准备一些可作为比喻的小道具，若能从客户家中、身上之物找寻出适合的题材，效果更好。

用对方法，客户异议就少了

销售员对客户的异议往往抱有负面看法，甚至对客户的异议怀有挫折感与恐惧感。但是，对经验丰富的销售员来说，他却能从另外角度来体会异议，并揭露出另外的含意。比如，从客户的异议中能判断客户是否真的有需求；从客户的异议中能了解到客户对你的接受程度，这有助于你迅速调整战术；从客户提出的异议中可以获得更多的信息；如此等等。

前提是：对于客户的异议要有正确的处理方法，最重要的是销售员要了解处理的流程，或者说，你要找到一种可以套用的模式，遇到客户的异议，直接将处理方法按照这种模式套上去就可以了。下面，我们就介绍几种处理客户异议的常用方法。

1. 忽视法

这是销售员最常用的方法，此方法的核心就是不要过分在意客户的异议。

一名销售员在拜访经销商时，经销商一见到他就抱怨起来："你们这次的广告拍得太烂了，怎么能找个一点也不出名的人啊，谁看了也不认识，这样的话，怎么能引起老百姓的注意呢？为什么就不考虑找明星呢？你们的广告拍成那样了，现在我真是对以后的销售没有什么把握！"

当遇到诸如此类的反对意见时，尽管客户表现出的是怒气冲冲，但销售员无须做出详细解答来。因为，作为一名销售员是解答不好这种问题的，另外，如果给予解答势必会说出公司的机密问题。其实，经销商这么说的真正异议应该另有原因的，所以对于这样的问题，你只需要面带微笑，同意他就是了。

当顾客提出的异议和眼前的交易扯不上任何关系时，销售员没有必要多加解释，避免节外生枝，可以表示同意对方的看法，或者是对对方的看法表示赞赏。只要能够满足客户表达的欲望，就可以迅速引开话题，而忽视法的真正用意就在于此。

2．正面回复法

面对客户提出的异议，销售员要及时地从正面回复。之所以要这样去处理，是因为对客户的异议表示理解，其目的是尽量不和客户之间产生对立的情绪。人都有保护自己的本能，直接指出客户的观点是错误的，会让客户更加维护自己的观点，你的“感觉”会让客户认为你和他是站在同一战线上的，比较愿意接受你的意见。

表示其他人也有类似的看法，则是给客户一个台阶下，中国人最怕别人不给他面子，即便是客户真的错了，也要给他下来的台阶。当销售员表示其他很多人都有过类似看法的时候，客户心里就会想，即使我有一些不合适的地方也很正常，反正又不是我自己一个人有这种想法，这些所谓的其他人就是给客户的台阶。

至于帮助客户找到正确的信息则是关键所在，可以用比喻、分解等方法来处理。比如，客户说“你们的速度太慢了，达不到要求”，运用正面回复法就是这样的回复“我非常理解您对于速度方面的关注，其他的一些客户也有类似的看法，同时我们认为速度是应该构建在安全性之上的，因为这款产品安全性的设计达到了……所以速度……”

3．“太极”法

顾名思义，就是指使用太极中借力使力的技巧，利用对方的自身问题本身来攻击其异议以达到解决的目的。此法运用到销售上的基本做法，就是当客户提出不购买的异议时，你可以立即回复说：“我认为，这正是你应该购买的一个重要的理由……”这样就可以将顾客的反对意见，直接转换成他为什么必须购买的理由。

经销商：“你看你们公司，将大把的金钱都花到做广告上面去了，能有什么用啊，这样浪费金钱还不如把钱省下来，来降低我们进货的折扣呢。这样让我们的利润多一点，我们也能更加努力地为你们卖货。”

销售员：“您的意思我能够明白，就是因为我们在宣传的过程中投入了大量广告，客户才会被吸引来购买这种产品。同时，此做法不也是为您节省了扩展市场宣传的时间和精力吗？并且，在客户前来购买时，也有利于提高其他产品的销售。由此可见，您的总利润还是很大的啊！”

4．转化定义法

将客户的异议通过引导转换为另外的一种定义，就是转化定义法。在转化定义法的使用过程中，起到核心作用的便是词汇语言的转换，通过具有一定相近意思的词汇调整异议的不同含义。要销售员巧妙地学会改变词汇的定义，就能深深影响客户的心情与后继的行为。

例如，客户不耐烦地说“你们的价格太贵了”，这本身就是一种事实，自己的产品相比竞争对手而言确实要高出30%，这时候销售员可以这样回答“您是担心性价比不好吗？”这里的“价格贵”与“性价比”看似没有很大分别，但是如果你仔细思考，就会发现两者之间有着天壤之别，完全带给客户不同的感受。

将客户异议的关键词汇挑出来，然后用其他看似相近的词汇替代它，利用不同的词汇里所具有的积极或者消极的思考方向，就可以改变客户对于原来异议的看法。

5．转移话题法

任何产品或者服务都有着它自己的优势和劣势，这是很自然、不可避免的事情，但是麻烦的地方在于，客户可不是这么想的，客户总是希望用最少

的钱买到最好的产品，所以客户有时候所提的异议确实让销售员给予不了满意的答复，这是很正常的。

对于这种情况，最好的办法就是转移话题，比如，可以这样说“您的意见确实很重要，待会儿我就给您一个正面的回答，现在让我们先讨论一下最重要的配置问题”。等到讨论完配置之后，客户是否还记得刚才所提出的异议又是一个问题，即使还记得，你也可以利用这比较长的时间想到合理的对策。

或者还可以这样和客户说：“您的意见很好，同时我觉得只有我们首先确立了整体的配置之后，才比较方便去考虑您所提到的保修期和预算的问题，所以我们可以先看看您到底需要什么样的配置才能够满足您公司办公系统的需求。”

将话题先转移到你比较有优势同时客户也比较关注的地方，并且强调你的优势对于客户的重要意义，然后再轻描淡写地说“这么高的配置，价格也会稍微高一点，不过从满足贵公司的需求以及整体的性价比来看，还是非常划算的。”等到客户认可了高配置的重要意义之后，他为此多付一些费用也是理所当然的事情。

如果销售员实在没有什么处理的方法，一切都不奏效，甚至可以这样和客户说：“张经理，您稍等一下，手机没有电了，我换块电池给您打过去，不好意思。”然后马上去问公司的伙伴应该如何处理，找到答案马上回过去。

总之，针对客户的异议与拒绝，销售员应该充分发挥个人的口才能力，配合以上几种方法，引导客户向你设定的预期方向转化。

虚心接受客户的抱怨，把问题逐一解决掉

在与客户的沟通过程中，我们经常会听到客户的抱怨，如价格高、质量差、服务不到位等。客户的这种抱怨是客户不满意的一种表现，而只有重视客户满意度，才能创造更多的客户价值，获得立足市场的资本。经调查发现，一个不满意的客户往往平均会向9个人叙述不愉快的购物经历，可见，对客户抱怨的管理至关重要，如果处理不好，我们将失去众多的客户群，甚至葬送辛辛苦苦建立起来的渠道。正确对待并处理客户的抱怨，是工作的一项重要内容。

张女士买了一台全自动洗衣机。在提货的时候，洗衣机在商店试运行合格。可是，洗衣机搬到家后，第一次洗涤后就出现了不能进行再注水的情况，张女士急忙赶到商场找销售人员，说话语气重了些，而且还说："我们拿工资吃饭的买台2000多元的洗衣机不容易，一进家就坏了，你们的产品质量到底有没有谱呀？"这时，该销售人员首先做的就是耐心地倾听张女士的抱怨，让张女士将心中的不满发泄出来。

销售人员在弄清楚原因后，对张女士说，"我可以到你家，为你看看究竟是哪儿出了毛病。"结果，销售人员发现是两个操作的失误造成的。这位销售人员帮助客户进行了售后服务后，张女士不仅十分感激，而且略带愧疚。

任何一项工作完成的优劣关键看态度，原因就在于态度决定一切。在处

理客户的抱怨时，我们首先要有良好的心态，这是处理好客户抱怨的前提。然而当抱怨真正发生时，面对客户的情绪化表现，真正让我们保持一个平和的心态去体谅客户的心情、去对待客户的过激行为其实不容易，这就要求我们树立正确的人生观、坚强的意志力、一定的忍耐性和自我牺牲的精神，倾听客户的阐述，避免言语上的冲突，以平息客户的抱怨。

以下是妥善处理客户抱怨的几个原则：

1. 及时了解客户抱怨的原因

客户的满意度可以从三个方面来体现，即产品和服务的质量、客户的期望值、服务人员的态度与方式。既然客户抱怨是对产品不满意的表现，那么，抱怨的原因也就可以说是因为这三个方面出现了问题。

（1）产品或服务质量出现问题。这一问题是最为直接的，如产品本身存在问题，质量没有达到规定的标准；产品的包装出现问题，导致产品损坏；产品出现小毛病；客户没有按照说明操作而导致出现故障等等。一般认为，这是客户抱怨的最主要原因。

（2）客户对于产品或服务的期望值过高。客户往往会将他们所要的或期望的东西与他们正在购买或享受的东西进行对比，以此评价购买的价值。一般情况下，客户的期望值越大，购买产品的欲望相对就越大。但当客户的期望值过高时，客户的满意度就越小，容易对产品产生抱怨。因此，企业应该适度地满足客户的期望。

（3）服务态度和方式问题。当为客户提供产品和服务时，如果我们缺乏正确的推销技巧和工作态度，都将导致客户的不满，往往容易使客户产生抱怨。

2. 如何看待客户的抱怨

当客户对企业的产品或服务产生抱怨时，很多人都采取了积极有效的措施进行处理。那么，如何看待客户的抱怨呢？怎样处理这些抱怨呢？

对客户的抱怨，一定要加以重视。客户抱怨不仅可以增进你与客户之间的沟通，而且可以诊断企业内部经营与管理所存在的问题。所以，当客户投诉或抱怨时，不要忽略任何一个问题，因为每个问题都可能有一些深层次的原因，正确对待客户的投诉与抱怨有可能会帮助你发现需要改进的领域。这一点可以这样理解：客户的不满中蕴涵着商机，客户的不满是创新的源泉，客户的不满可使服务更完善。

在美国迪士尼乐园有一个醒目的大牌子：10岁以下儿童不能参加太空穿梭游戏。不过，来迪士尼乐园游玩的游客中，有的虽带着10岁以下的孩子，但由于兴奋而往往会忽略这一标牌，以至于有时候排了好长时间的队，到最后却不能游玩。

此时的游客一定会感到非常遗憾。为此，迪士尼乐园的服务人员往往会亲切地上前询问孩子的姓名，然后拿出一张印制精美的卡片，在上面写上孩子的姓名，告诉孩子，欢迎他到符合年龄再来玩过个游戏，到时拿着这张卡片就不用排队了，因为在他没到年龄的时候已经排过队了。于是游客原来的沮丧马上不见了，并且还能心情愉快地离去。一张卡片不仅平息了顾客的不满，还为迪士尼乐园拉到了一个忠诚的顾客。

对此，市场营销学家认为，当客户对企业的产品或服务感到不满意时，通常会有两种表现，一是显性不满，即客户直接将不满表达出来；二是隐性不满，即客户不说，但以后可能再也不来消费了。销售人员对显性不满往往会重视和积极处理，对隐性不满却疏于防范。但据调查显示，隐性不满占到了客户不满意的70%。因此，我们应该对隐性不满多加注意，感知客户表情、神态、行为举止，以分析客户抱怨的原因，做到未雨绸缪。

所以，对于客户的抱怨应该及时正确地处理。拖延时间，只会使客户的抱怨变得越来越强烈，使客户感到自己没有受到足够的重视，可能会使小事变大，甚至殃及企业的生存；而处理得当，客户的不满则会变成美满，客户的忠诚度也会得到进一步提升。

此外，对于客户的抱怨与解决情况，要做好记录，并且定期总结。在处理客户抱怨中，如果发现客户不满意的是产品质量问题，应该及时通知制造商；如果是服务态度与技巧问题，应该向管理部门提出，以加强教育与培训。

3. 处理抱怨的技巧

在处理客户的抱怨时，除了要依据一般程序外，还要注意与客户保持沟通，改善与客户的关系。掌握实用的小技巧，有利于缩小与客户之间的距离，赢得客户的谅解与支持。

（1）心态平和。对于客户的抱怨要有平常心态，客户抱怨时常常都带有情绪或者比较冲动，这时，应该体谅客户的心情，以平常心对待客户的过激行为，不要把个人的情绪变化带到抱怨的处理之中。

（2）认真倾听。大部分情况下，抱怨的客户需要忠实的听者，喋喋不休的解释只会使客户的情绪更差。面对客户的抱怨，我们应掌握好聆听的技巧，从客户的抱怨中找出客户对于抱怨期望的结果。

（3）转换角色。在处理客户的抱怨时，我们应站在客户的立场思考问题："假设自己遭遇客户的情形，将会怎样做呢？"这样能体会到客户的真正感受，找到有效的方法来解决问题。

（4）保持微笑。满怀怨气的客户在面对春风般温暖的微笑时会不自觉地减少怨气，与我们友好合作，便可以达到双方满意的结果。

（5）积极运用肢体语言。在倾听客户的抱怨时，我们要积极运用肢体语言进行沟通，促进对客户的了解。比如，用眼神关注客户，使他感觉到受到重视；在客户抱怨的过程中，不时点头，表示肯定与支持。这些措施都能鼓励客户表达自己真实的意愿，并且让客户感到自己受到了重视。

第七章

攻心为上，把话说到客户心坎里

巧用激将法，适时刺激一下客户

在销售过程中，销售人员往往容易遇到一些客户虽然有产品需要，但是犹豫不决，拿不定主意，处于观望状态。面对这些客户，要想获得订单，促使他们下决心签单，销售人员也可以利用他们的好胜心、自尊心，采用激将法促使他们做出购买决定，迅速签单。

激将成交法是指销售人员采用一定的语言技巧刺激客户的自尊心，使客户在逆反心理的作用下完成交易行为的成交方法。在销售过程中，销售人员一旦成功使用了这种技巧，往往能够促使客户迅速下定决心签单。

先生陪太太逛商场，他们来到了专卖服装的柜台。服装销售员看到一男一女来看衣服，急忙上来微笑着打招呼："这位姐姐，请问您需要什么呢？""我就随便看看，你忙你的吧。"太太随口说道。"姐姐您看，这是我们专柜刚到的新货，是今年最流行的款式……"太太看了看没说什么又到别处转了。

销售员看这位太太似乎没什么兴趣转而问先生："请问您需要什么呢？""哦，我陪我老婆来的，就刚刚你叫姐姐的那位。""现在愿意陪老婆逛街的男人真不多了，真羡慕你们夫妻。您太太真漂亮，而且气质出众，再加上您给她做参谋，买的衣服一定会非常合适。"

销售员一边跟先生攀谈，一边注意着太太的动向。当她看见太太正在一件衣服前面徘徊时，马上走过去取下衣服说："姐姐您真有眼光，这件衣服在我们这儿卖得特别好，很适合像您这样的身材，您先穿着试试看吧，效果一定特别棒。”

太太没有反对，拿着衣服就去了试衣间，出来之后真是让人眼前一亮，太太在镜子面前看了又看，很满意的样子，看来已经有买的意向了。但是当她问了价格之后觉得太贵了，有些犹豫。

旁边的先生一直没有说话，销售员转身对先生说：“您也看出来了，您太太穿上那件衣服非常合适，她也很喜欢，可是她却犹豫不决。这个时候作为丈夫，您该为妻子拿主意了吧？”先生笑着摆摆手说：“还是让我太太自己拿主意吧，买不买她自己决定。”

销售员捂嘴偷笑说：“原来先生您也是‘妻管严’啊，全听老婆的，真是好丈夫。不过话说回来，我听说男子汉大丈夫，对心爱的女人喜欢的东西，会毫不犹豫地去满足她，这样会让女人更死心塌地，不能犹犹豫豫的。”

听到销售员这么说，先生脸上有点儿挂不住了，他走过去对太太说：“要是喜欢就买下吧，不在乎那几十块钱的差价，我老婆就应该穿得漂漂亮亮的。”太太没有吭声。先生转身对销售员说：“小姐，把衣服给我们包起来吧，谢谢。”夫妻俩到收银台付了钱，高高兴兴地离开了。

在上面这个事例中，这个销售员在出售商品的过程中使用了激将法。因为她准确地把握住了夫妻两个人的心理，在妻子犹豫不决的时候，只要“激怒”了丈夫就可以成功地卖出这件衣服。销售员在和丈夫的攀谈的过程中，顺着丈夫的话往下说，在不伤害其自尊的前提下，巧妙地对其自尊进行压制，使得这位丈夫感觉要是不买下那件衣服就会被人看不起，于是他便打消了妻子的顾虑，并最终买下了那件衣服。

在购买产品的过程中，客户往往容易产生较强的好胜心理。激将法就是针对他们的这种好胜心理对症下药，使得他们因好胜而不再过于理智。这样，客户为了满足自己的好胜心理，为了顾及自己的面子，往往不再计较此前特别看重的一些“成交细节”。

销售：“布尔，我们接触的时间也不短了。我知道你对我们的激光打印机感兴趣，能告诉我使您迟迟下不了决心的真正原因吗？”

客户：“哦，罗伯特，是这样的，今年开支太大了，上司已经跟我说过，要注意办公开销，再说我办公室里那台打印机还能凑合着用。”

销售：“可您知道您办公的那台点式字模打印机是什么型号吗？T型福特！T型的！”

客户：“你说的T型是什么意思？”

销售：“没什么，T型福特就是福特公司当年风靡一时的名车，不过早就过时了，就像是您的点式字模打印机。现在还用这种老古董，实在是太落伍了！这点每一位到过您办公室的人都能感受到。作为办公室经理的您不这么认为吗？”

客户：“你说的是事实？”

销售：“难道不是吗？”

客户（沉默了一会儿）：“让我考虑考虑，明天给你答复。”

第二天，这位客户打电话给销售说，他想用激光打印机代替他原来的那台。

案例中，罗伯特为了向一位办公室经理布尔推销自己的激光打印机，费了很多口舌，最后也没能说服他。这时候，他及时转变了策略，得知客户非常爱面子，他采用讥讽的手段刺激客户的购买欲，最终如愿以偿地赢得了这个客户。可以说，激将法是通过触发有些顾客的自尊心和好胜心，促使顾客在犹豫不决时做出果断的购买决定，是一种极佳的销售技巧。

在销售过程中，激将法是销售人员促成订单的常用技巧之一，也是巧妙地“逼迫”客户成交的技巧之一。使用这种激将的技巧，来刺激顾客的好胜心，一定要因人而异，把握好分寸，否则就会弄巧成拙，甚至会激怒顾客。

1. 准确掌握客户的心理

在销售过程中，销售人员要采用激将法，首先要把准客户的心理。只有客户具有较强的自尊心、虚荣心和好胜心，才可能有效地激将客户。否则，将很难起到激将的效果，甚至还有可能把一桩很有希望的生意逼进死胡同。一般而言，年纪轻的要比年纪大的容易激将，见识少的要比见识多的容易激将，越是讲究衣着打扮的、好争高比强的、地位较高受人尊重的人越怕被别人看不起，这样的人也容易被激将。在促成订单时，销售人员可以根据具体的客户对象，采用具体的激将法。

2. 不要伤害客户的自尊

在销售过程中，客户拥有成交的最后决定权。销售人员为了促成订单，可以采用激将法“逼迫”客户签单，但是必须以不伤害客户的自尊为前提。在销售过程中，如果销售人员伤害了客户的自尊，往往就容易导致客户不再愿意与销售人员交易，甚至还会因自尊问题惹出其他问题。因此，正确使用激将法应该是在不刺激对方自尊的基础上，切中对方的要害进行激将。例如，销售人员推销产品给客户时，用“您不想买”而不用“您是因为没钱，买不起”来激将客户，就把握得非常有分寸。

3. 要注意态度自然

激将法是人们比较了解、接触得比较多的常用计谋。因此，在使用激将法时也容易被对方看穿。在销售过程中，要用激将法促成订单时，销售人员一定要注意态度和表情自然。否则，就容易让客户看出来是在“激”他，从而产生逆反心理，最终导致交易失败。

4. 不要欺骗客户

曾经有位推销员去一家工厂推销打火机，一些工人围着看，其中有位青年工人说这打火机质量很差，并且价格太贵了。没想到这位推销员却不近人情，挖苦那位工人说：“看你穿这身衣服，恐怕一个两块钱，你都买不起！”这话大大刺伤了那个工人的自尊心，他挥了挥手对其他工友说：“你们作证，他卖我两块一个，我全包了！”于是工友们帮他凑齐钱，把那些打火机全部买了下来。

星期天，他们出去逛商店，才知道这种打火机在市场上只要一块钱就能买到。这位青年才知道自己上了推销员激将法的当，后悔莫及。

以上例子，推销员虽然运用“激将法”把商品推销出去了，但他的人品也随着这廉价的商品一齐出卖了，其结果肯定是得不偿失，因为他的这种做法没有考虑后果，“杀鸡取卵”，把他以后的推销之路全部堵死了。

不断重复，让客户认同你

任何的行为和思维，只要你不断地重复，就会不断地得到加强。在你的潜意识当中，只要你能够不断地重复一些人、事、物，它们就会在潜意识里变成事实。即便是谎言也是如此。如果不信，我们看看下面这个小故事：

古时候，有一个人在朝中为官，这人为官清廉，为人刚直、天下有名，有一天，一个急匆匆地跑到他家对他母亲说：“不好了，你儿子在外面杀了一人。”这位老母亲好像没听见似的充耳不闻。

没多久，又有一个人急急跑来告诉她：“你儿子逃走了，官府正在缉拿归案。”这位老母仍不作声，只不过纺织机摇得更响。

再过了一会儿，又有一个人大汗淋漓地跑来告诉她：“大事不好，你儿子已被抓起来，官府正来抄家这时，这位老母亲再也沉不住气，弃家而逃。

正所谓“三人成虎”，这位朝廷命官，廉洁刚正，天下有名，哪会干杀人的勾当。然而，谣言连续被人重复三次，其母便也不再相信她的儿子了。由此可见，谎言经常在耳边鼓噪，就会使人的大脑产生疲乏从而失去辨别真伪的能力。谎言重复一千遍并不会变成真理，只会让你的大脑思维经过这一千遍的暗示而认为谎言就是真理。心理学研究发现，如果群体里的一个人重复他的观点三次，那么就会有90%的机会获得他人的支持。这就是重复定律。

马云深知众口铄金的厉害，当年他在宣传和推广阿里巴巴时就是利用人言的力量，不断重复和宣传B2B的商业模式，达到了良好的效果。虽然宣传推广跟“三人成虎”有本质的差别，但有时宣传推广却需要“三人成虎”的效果。现在，就让我们看看马云是如何做到的。

阿里巴巴的B2B商业模式，是中国互联网的一个另类，也是全球互联网的一个另类。在马云创立阿里巴巴之前，中国的互联网模式都可以在美国找到成功的原型，所以风险投资敢于投资这些公司。但阿里巴巴不同，它是完全创新的，在它之前，没有成功的原型。所以，国内外那些掌握着巨额资金的投资方，一开始并不敢投资阿里巴巴。

马云的解决办法就是充分利用他的好口才。他说："听到了，断言，重复，传播，断言我是第一，传十遍，然后不断地重复说一百遍，然后你就是第一了，很多事都是这么起来的。"阿里巴巴在创业之初，其B2B商业模式之所以能迅速被大家接受，正是得益于他一个人不遗余力地不断重复、推广、宣传。

为了能让投资方认可阿里巴巴的商业模式，马云把自己当成了一台促销机器，开始了疯狂的"演讲传道"之路。从1999年到2000年，他不间断地在空中飞来飞去，参加全球各地的经济论坛，尤其是经济发达的国家。每到一个地方，他就发表激情疯狂的演讲，用他那张"铁嘴"宣传全球首创的B2B思想，宣传阿里巴巴。

马云一个月能去三次欧洲，一周内可以跑七个国家。他每到一个地方，总是不停地演讲，他在BBC做现场直播演讲，在麻省理工学院、沃顿商学院、哈佛大学演讲，在世界经济论坛演讲，在亚洲商业协会演讲。他挥舞着充满激情的双手，对台下的观众疯狂地叫道："B2B模式最终将改变全球几千万商人的生意方式，从而改变全球几十亿人的生活！"

就是靠这种不断地重复，马云真的达到了他的目的。没过多久，他和阿里巴巴的名字就被欧美国家的很多人记住，来自国外的会员和点击率也呈直线增长。尤为重要的是，他还登上了世界上最著名的财经杂志《福布斯》的封面，成为《福布斯》杂志创办几十年来首位登上其封面的中国大陆企业家。至此，马云用他无与伦比的口才宣传阿里巴巴的"阴谋"彻底得逞。

马云之所以能够说服各种各样的人相信阿里巴巴，接受阿里巴巴，靠的其实就是"不断重复"的宣传技巧。

人们在认识事物的时候，首先要有正确的感觉和直觉。有了这些，才能产生印象，才能进入想象和思维，也才能接受你的观点和建议。这就要求我们在说服过程中，要尽可能地反复强调自己的看法，增加论证，给被说服者留下深刻的印象。

对销售人员来讲，重复定律是指在倾听了客户的需求后，不时地重复这些特定需求，从而让客户记住最重要的几点。接下来你提供满足这几点的产品，客户就很容易接受。

甲乙两名销售员在卖同一款相机，然而取得的销售效果却不同。

销售员甲："嗯，这么说，您决定购买一款相机啦？"

客户："是，不过一定要全自动的。我想把它作为礼物送给女儿，她不会使用相机，所以一定要容易使用的。"

销售员甲："您的预算大概是多少？"

客户："1200元左右吧。"

销售员甲："好的。我觉得××型相机挺符合您的要求的，目前特价，只售1000元，物超所值。在同类型中它的性价比最高……"

客户："嗯……"

销售员甲："另外它还具有超高速快门，就是说……"

客户："对不起，使用起来是否方便容易呢？"

销售员甲："我正要介绍……"

客户："让我先考虑考虑再说吧。"

我们再来看看乙是如何销售的。

销售员 乙："嗯，这么说，您决定购买一款相机啦？"

客户：“是，不过一定要全自动的。我想把它作为礼物送给女儿，她不会使用相机，所以一定要容易使用的。”

销售员乙：“容易使用，好的。那您的预算大概是多少呢？”

客户：“1200元左右吧。”

销售员乙：“好的。我觉得××型相机挺符合您的要求，目前特价只要1000元，这是在您预算范围内最容易使用的相机，完全自动。您女儿所要做的只是选取好想要照的景象，然后按下快门就可以拍照了，就这么简单。”

客户：“嗯……”

销售员乙：“输出也十分容易，只要用数据线连接电脑即可。”

客户：“就这么简单？”

销售员乙：“就这么简单！它是全自动的，使用起来很简单。您打算今天就买吗？”

客户：“现在有货吗？”

销售员乙：“当然。”

客户：“好吧。”

上述案例中，销售员甲和客户的对话为何会结束得这么快呢？这是因为他的注意力集中在了产品的各种功能和性价比上，因而忽略了满足客户的特定需求。尽管该相机具有许多特点，但客户只想给女儿买架容易使用的相机，所以客户没有接受销售员的推荐。

而销售员听到客户的特定需求是一架使用简单的相机后，他就为客户描绘了一幅如何轻松使用本款相机的情景，并将对方的特定需求重复了四次。通过不断重复“自动”和“使用简单”这类词语，加深了客户的印象，所以客户认同了乙的推荐。

所以，销售员要先倾听客户的需求，当客户提出的需求十分明确时，销售员就可以通过使用重复定律，来引导客户认可产品。在销售的过程中，销售员还可以用一些短句来达到强化印象的目的。如：“你不可能忘记”，“这不可能忘掉”，“这么美妙的东西，相信你会记住”，“也许你会常常想起”，“这将会给你留下深刻的记忆”……你还可以这样说：“你的孩子会因此而感激你的。”“你的妻子会永远记得你送给她这么一份美妙的礼物。”

重复是一种有效的销售技巧。不断对客户重复某个观点的重要性，这样有助于使客户相信你、认同你。

善用针对性的提问，套出客户的真实需求

销售的秘诀在于找到客户内心最真实的想法。那么，怎样运用好口才去挖掘客户内心这种往往深藏不露的真实想法呢？有一个简单的办法就是不断提问。你问得越多，客户答得越多；答得越多，暴露的情况就越多，这样，你就一步一步化被动为主动，成功的可能性就越来越大。

提问是与客户沟通的最好的方法，销售员通过提问可以了解客户需要什么，不需要什么，对销售员销售的产品的哪些方面比较感兴趣等。很多专业的销售员都会把提问作为最重要的销售手段，因为掌握客户的需求越多，向客户成功销售的可能性就会越大。一个销售员业绩的好坏，与其提问问题的能力是有密切关系的。

街上有三个水果店。一天，有位老太太来到第一家店里，问：“有

李子卖吗？”店主见有生意，马上迎上前说：“老太太，买李子啊？您看我这李子又大又甜，还刚进的货，新鲜得很呢！”没想到老太太一听，竟扭头走了。店主非常纳闷，奇怪，自己什么地方得罪老太太啦？

老太太接着来到第二家水果店，同样问：“有李子卖吗？”第二位店主马上迎上前说：“老太太，您要买李子啊？”“对啊！”老太太应道。“我这里李子有酸的，也有甜的，那您是想买酸的还是想买甜的？”“我想买一斤酸李子。”于是老太太买了一斤酸李子就回去了。

第二天，老太太来到第三家水果店，同样问：“有李子卖吗？”第三位店主马上迎上前同样问说：“"老太太，您要买李子啊？”“对啊！”老太太应道。“我这里李子有酸的，也有甜的，那您是想买酸的还是想买甜的？”“我想买一斤酸李子。”

与前一天在第二家店里发生的一幕一样；但第三位店主在给老太太秤酸李子时，问道：“在我这买李子的人一般都喜欢甜的，可您为什么要买酸的呢？”“哦，最近我儿媳妇怀上孩子啦，特别喜欢吃酸李子。”“哎呀！那要特别恭喜您老人家快要抱孙子了！有您这样会照顾人的婆婆可真是您儿媳妇天大的福气啊！”“哪里哪里，怀孕期间当然最要紧的是吃好，胃口好，营养好啊！”

“是啊，怀孕期间的营养是非常关键的，不仅要多补充些高蛋白的食物，听说多吃些维生素丰富的水果，生下的宝宝会更聪明些！”“是啊！那吃哪种水果含的维生素更丰富些呢？”“很多书上说猕猴桃含维生素最丰富！”“那你这有猕猴桃卖吗？”“当然有，您看我这进口的猕猴桃个大，汁多，含维生素多，您要不先买一斤回去给您儿媳妇尝尝！”

这样，老太太不仅买了一斤李子，还买了一斤进口的猕猴桃，而且以后几乎每隔一两天就要来这家店里买各种水果了。

从这个故事我们可以看出，通过恰当的问题，我们可以得到自己需要的信息，并掌握谈话的主动权，使谈话结果朝着我们需要的方向前进。

通常情况下，直接向客户提出问题，都会引起客户的兴趣，引导客户去思考，然后很顺利转入正式面谈阶段，这是一种非常有效的沟通方法。你可以首先提出一个问题，然后根据客户的实际反应再提出其他问题，步步进逼，接近对方。

销售员："您好，赵经理，我是一家企业管理咨询公司的小王，想请教您几个问题？"

赵经理："什么问题？"

销售员："是这样的，赵经理，经常有许多公司给我们打来电话，问我们公司咨询关于库存管理、产品分类管理以及账务管理方面的问题，还请求我们给他们提供这方面人才？赵经理，不知您在这方面有什么更好观点与意见？"

赵经理："这个很简单，我们有专人负责仓库管理这块，产品分片分区管理，财务也有专人负责。只是，我也有些困惑，就是他们办事效率很低，我需要个什么报表，往往不能够及时统计出来，造成信息不顺畅。更麻烦的是，一旦人员流动或者调整的时候，往往一段时间内也是经常出现纰漏。不知道，你们有什么好的解决办法没有？"

销售员："赵经理，我请问下，您目前使用是什么管理软件？"

赵经理："管理软件？管理软件目前好像用不到吧？我们一直采用的人工做账。"

销售员："是的，向我们打来咨询电话那些公司，也是喜欢采用人工做账，只是没有您分配的那么细致，有条理性。不过，他们现在这些问题都解决了，而且效率也提高了很多。”

赵经理：“是吗？怎么解决的？”

销售员：“他们使用一种叫作×××财务管理软件，不仅节省了人力，而且每天都能够了解今天的产品进、销、存，畅销产品、滞销产品比例、进出账情况，欠账、拖款情况等。”

赵经理：“是吗？有这样的软件？哪里能买到？”

销售员：“这样吧，赵经理，我正好带着一套软件，顺便给您的员工说解如何使用这个软件，怎么样？”

赵经理：“好啊，非常感谢。”

从这个案例可以看出，销售员通过不断提问去帮助客户发现自己内心的需求，销售就会变得易如反掌。因此，销售人员必须有针对性地提问，要让客户有机会吐露自己心中的真情实感，这样，销售人员不仅能够透彻了解客户的问题，而且能够消除客户心中的疑虑。

事实证明，销售员通过巧妙地提问，就能使客户说出他们对购买销售员推销的产品或服务犹豫不决的真正原因是什么，以及他们最大的顾忌又是什么。一旦客户向销售员敞开心扉，说出自己的顾忌，销售员也就真正了解了客户拒绝购买的潜在原因，也就知道该如何妥善解决这些问题。因此，有效的提问，从而引发客户的兴趣，对销售人员来说是十分重要的。

下面的内容总结和归纳了一些提问的方式和方法。

1. 进行明确的提问

要使所提问题容易被客户理解和回答，就要避免提出过于复杂与冗长的问题。

有些销售人员把几个问题糅合在一起，使提问复杂化。例如：“请问你们多长时间订一次货并全部销售出去？”

这个问题就很难让客户做出合理的回答。因为他们不明白你究竟是在问多长时间订一次货呢？还是在问一次所订的货物多长时间能够全部售完呢？

另外，还有些销售人员把问题拉得很长。例如：“有这么多复杂的报告要准备和翻阅，你很难确定什么时候去展销会看我们的样品和技术资料吧？”

这么烦琐的问句，很容易让客户感到厌烦，他们也很难集中精力去仔细听清这类问题。所以，提问应尽量做到简单、明确，不拖泥带水。

2. 提出的问题要客观

销售中的提问，主要目的应该是了解客户的真实想法，而不是诱使客户做出某种承诺或强迫他们接受销售人员的观点。举例来说，如果提出的问题只有一个可能的答案，而这个答案又明显有利于销售人员，那么，这个问题就不具备客观性。

例如：“为什么你认为这是一个优秀的产品？”或者“你认为我们的产品在哪些方面胜过你正在使用的产品？”

这样的问题试图鼓励对方做出肯定回答，没有否定答案，还具有明显的主观倾向，很容易引起客户的反感。退一步讲，即使得到了想要的答案，销售人员也不能把握客户的真实想法。

3. 提问要有阶段性

应该把问题分布在沟通中的不同时段上，避免连续性的提问。因为，当销售人员接二连三地提出问题时，客户可能就会感到很不舒服。这样的话，他们可能会觉得不是在参与交谈，而是在接受审问。有的客户甚至会因此而产生抵触情绪，故意不回答问题。

如果能够适当地把你的问题分割开来，就可以使客户有充裕的时间来做出回答，从而做到在轻松的气氛中参与交谈。分割问题的主要方法是要进行有计划的提问，不打断客户的回答。总之，要让客户感到，他们是自愿提供信息的，而不是被迫泄露的。

4．多做开放式的提问

开放式的提问技巧是指发问者提出一个问题后，回答者围绕这个问题要告诉发问者许多信息，不能简单以“是”或者“不是”来回答发问者的问题。

这类提问的目的是为了鼓励客户做出较深入、较详尽的回答。如果销售人员提出的问题只有“是”或“否”这样简单的答案，那么，这样的提问就是不恰当的。因为它无法使客户发出更多的信息，也很难使客户真正参与到交谈中来。

例如：“你是否听说过我们公司？”这个问题的答案只有“是”与“不是”，而“有关我们公司，你了解哪些情况呢？”这个问题就要好得多。

销售人员要想从客户那里获得较多信息，就需要采取开放式问法。使客户对你的问题有所思考，然后告诉你相关的信息。

提出开放式的问题，并且耐心地等待，在客户说话之前不要插话，或者鼓励他们大胆地告诉你有关信息，收效会很明显。人们对于开放式的问法也是乐于接受的。他们能认真思考你的问题，告诉你一些有价值的信息，甚至还会对你的推销工作提出一些建议，这将有利于你更好地进行推销工作。

5．适当采用封闭式的提问

封闭式问法是指回答者在回答问题时，用“是”或是“不是”就能使发问者了解其看法。

销售人员以封闭式问法可以控制谈话的主动权。如果你提出的问题都使客户以“是”或者“不是”来回答，你就可以控制谈话的主题，将主题转移到和推销产品有关的范围里来，而不至于把话题扯远，同时，销售人员为了节约时间，使客户做出简短而直截了当的回答，也可以采用封闭式问法。

一般情况下，在进行推销工作时，不宜采用封闭式问法。采用封闭式问法虽然有助于掌握谈话的主动权，但是并不能够了解客户是否对谈话的主题感兴趣，因而也就不可能从客户那里得到更多的信息。如果确定已经了解客户的需要以及他的兴趣，那么就可以采用封闭式问法获得直截了当的答案，提高推销效率。

开放式问法与封闭式问法得到的回答截然不同。封闭式问法的回答很简单，而开放式问法的回答所包含的信息量多，它的回答也常常出乎提问者的意料。

6+1缔结法则：引导对方说“是”

世界著名推销大师托德·邓肯在推销时，总爱向客户问一些主观答“是”的问题。他发现这种方法很管用，当他问过五六个问题，并且客户都答了“是”，再继续问其他关于购买方面的知识，客户仍然会点头，这个惯性一直保持到成交。他急忙请了一个内行的心理学专家为自己设计了一连串的问题，而且每一个问题都让自己的准客户答“是”。利用这种方法，托德·邓肯缔结了很多大额保单。这种方法后来被称为“6+1缔结法则”。

“6+1缔结法则”源自于推销过程中一个常见的现象：假设在你推销产品前，先问客户6个问题，而得到6个肯定的答案，那么接下来，你的整个销售过程都会变得比较顺畅，当他和你谈产品时，还不断且连续地点头或说“是”的时候，你的成交机遇就来了。此时他已形成一种惯性。每当销售人员提一个问题而客户回答“是”的时候，就增强了客户的认可度，而每当销售人员得到一个“不是”或者任何否定答案时，也就降低了客户对销售人员的认可度。这就如同你面前的客户是一团熊熊烈火，千万不要让他熄灭，你只要不停地加上一些汽油，使得这团火更加旺盛，一直保持到成交的那一刻。那么，你肯定会说服他购买产品的。

下面是一个典型的实例：

销售人员沿街敲门，客户打开了门。

他的第一个问题就是："请问您是这家的主人吗？"一般都会回答"是"。

第二个问题："先生（女士），我们要在这个社区做一项有关健康的调研，相信您对健康问题也是相当关注的吧？"对方也会回答"是"。

第三个问题："请问您相信运动和保健对身体健康的价值吗？"大多数人都会回答"是"。

第四个问题："如果我们在您的家里放一台跑步机，让您试试，您能接受吗？当然是免费的。"因为是"免费"，一般人都不会拒绝。

第五个问题："请问我可以进来给你介绍一下这台跑步机的使用方法吗？以方便您使用，但是过两个星期，我们会麻烦您在我们的回执单上填上您使用的感觉，我们是想做一下调查，看看我们公司的跑步机使用起来是不是很方便。"

在这种情况下，几乎所有的客户都不会拒绝销售人员进门推销他的产品。

接下来，销售人员会接着问专家们已经设计好了的问题，而客户做的只是不停地点头，到最后，很多客户都会心甘情愿地花上几千元钱买一台跑步机。

这就是利用了"6+1"成交法。在这样的模式之下，销售人员可以顺利地

开始介绍产品，并且成功地缔结客户，是一种非常简单又实用的销售技巧。再看看下面的一个案例：

销售人员小谢在进入真正的销售话题之前，总会随便地与客户谈上几分钟的时间，聊一些很普通的话题。下面是他去拜访林先生时的一段对话：

他一到林先生家，第一句话就是："好整洁的屋子哦！一定是您的太太整理的吧？"

林先生回答："是啊！"

小谢："哇！很可爱的孩子啊！看上去特别机灵，好聪明的孩子啊！"

林先生什么也不说，只是微笑地看着自己的孩子。心里肯定默认了"是"。

小谢："您还养小狗啊！可爱的小狗这么干净，您常给它洗澡吧？"

林先生："我太太常给它洗澡！"

趁着林先生接连地认可了他的话，小谢顺势将话题转入销售，说道："林先生您好！我是汽车公司的销售人员，您叫我小谢就可以了。这个地区的销售工作，由我来负责，我今天带来了一些新款汽车的目录，请您参考一下。"

林先生把目录拿过来道："我正有点想更换汽车呢！我的汽车开了很多年了，发动机好像有点问题了，开起来不是很顺手。"

小谢说道："这里的车有各种款式，也有自己的优点和特色。如果方便，我可以给您具体介绍一下。"

林先生回答："好啊！"

销售要是到了这样的地步，那么成功的可能性就有了。这位销售人员之所以会问客户那么多的问题，就是想利用客户的惯性思维。因为客户在说了多个“是”字之后就具有了一种惯性思维，要让客户在接下来的谈话中打破这种惯性思维就不是那么容易的，所以销售人员如果能利用好这种惯性思维，那么成功就在眼前。

西屋公司的销售人员雷蒙负责销售的区域内有一位富翁。雷蒙的前任和他花了13年的时间对这位富翁进行推销，但是直到最近，才使这位富翁答应购买了几部发动机。而当雷蒙再次去拜访他的时候，他却声称以后不会再订购西屋公司的发动机了，原因是他认为这些产品太热，不能把手放在上面。

雷蒙知道如果与他争辩的话，无疑会是徒劳的。于是雷蒙打算找出让对方说“是”的方法来。

雷蒙对那位富翁说：“史密斯先生，我完全同意你的看法。如果我公司的发动机确实过热的话，你不应该再买。你花了钱，当然不希望买到热量超过标准的发动机，是不是？”

“是的。”史密斯说。

“你知道，”雷蒙接着说，“电工行会的规定是，一架标准的发动机的温度不能比室内温度高72华氏度，是这样吗？”

“是的。可是你的发动机却高出了这一温度。”史密斯说。

“你工厂的温度是多少？”雷蒙问他。

“75华氏度。”史密斯想了一会儿然后说。

“这就对了，”雷蒙笑着说，“75华氏度加上72华氏度等于147华氏度。如果你将手放在147华氏度的水里，你会不会被烫伤呢？”

史密斯不得不说：“会的。”

“那么，”雷蒙继续说，“我建议你最好不要把手放在147华氏度的发动机上面。”

“我想你是对的。”史密斯说。接着他们又谈了一会儿，最后，史密斯答应在下个月订购西屋公司35000美元的产品。

雷蒙总结说：“我最后才知道，争辩不是聪明的办法。我们要站在对方的立场上去看问题，要设法让对方说‘是，是’，这才是真正迈向成功的方法。”

在销售的过程中，若能一开始就让对方说“是的”，这说明销售已经成功了一半，你若能让对方连续说“是的，你说的对”，那么销售的成功就有99．9%的把握。然而遗憾的是，许多销售员没有做到这一点，让对方说“是”。他们总是顺着自己的思路强调自己的观点，总以为自己说得越多，越口若悬河、滔滔不绝才能证明自己的口才，很少有人会考虑到这样做并不一定就能说服对方。事实上，在你与客户的交流中，你必须设法让对方说“是”，因为，你们的交流决定着对方对你的反应，以及对方的决定，是与合作，还是“否”。“是”的回答意味着对方对你的看法的许可和赞同，意味着同意你的见解或观点，意味着可以与你合作。

让对方说“是”，是一种极高明的说话的艺术。优秀的销售员可以让顾客的疑虑通通消失，秘诀就是尽量避免谈论让对方说“不”的问题。而在谈话之初，就要让他说出“是”。

销售要会讲故事，好的故事自己会说话

真正的销售高手，都是讲故事的好手。讲故事就是为客户设计一个产品的应用情景，让他们看到美好的使用效果。讲故事可以引发共鸣，可以激发兴趣，显得平易，更能深入人心。用讲故事的方法来介绍自己的产品，与客户沟通，能够收到很好的效果。

销售为什么需要讲故事？因为人都喜欢听故事，尤其是和自己有相似背景的人和事。只要你将这样的故事与产品结合，你就已经成功了一半。New Balance讲了一个李宗盛《致匠心》的故事，使其品牌格调又陡然升了一截；褚橙讲了一个褚时健老当益壮的故事，就将其他千千万万的橙子落下不知几条街；王石讲了一个登山的故事，为万科节省了三亿广告费；海尔只讲了一个砸冰箱的故事，从而让人们认识了海尔，相信了海尔产品的品质；可口可乐的配方故事让人永远记得它独特的味道……有什么比讲一个精彩的故事更具吸引力，更加引人入胜呢？因此，销售高手一定要学会讲故事。

一家公司生产出了一种新的化妆品，叫作兰牌绵羊油。公司的一位推销员在销售绵羊油的时候，没有向顾客讲绵羊油内含有多少微量元素，是用什么方法生产出来的，而是讲了一个动人的故事：

很久以前，有一个国王。他是一个美食家，有一个手艺精湛的厨师，能做出香甜可口的饭菜，国王对他十分满意。突然有一天，这位厨师的手莫名其妙地红肿起来了，做出来的饭菜再也不像以前那么好了，国王十分着急，下令让御医给厨师治病，可御医绞尽脑汁也弄不清楚这

个病是怎么得来的。厨师只好含泪离开王宫，开始了自己的流浪生涯。后来一个好心的牧羊人收留了这位厨师。于是，这位厨师每天和这位牧羊人风餐露宿，放羊为生。放羊时，厨师就躺在草地中，一边回想着过去的故事，一边用手抚摸着绵羊以发泄心中的悲愤。夏天到来的时候，他帮助这位牧羊人剪羊毛。

有一天，厨师惊奇地发现自己手上的红肿不知不觉地消退了！他十分高兴，告别了牧羊人，重新来到了王宫外，只见城墙上贴着一张红榜，国王正在面向全国招聘厨师。厨师就撕掉皇榜前来应聘，这时人们早已认不出衣衫褴褛的他了。国王品尝了他做出的饭菜以后，觉得香甜可口，简直和以前那位厨师做的一样好吃，就把他叫了过来，发现果然是以前的那位厨师。国王就非常好奇地问这位厨师，手上的红肿怎么消退了。厨师说不知道，国王详细地询问了他离开王宫之后的情景，断定是绵羊毛使厨师手上的红肿消退了。

这时，推销员话锋一转，说道："我们就是根据这个古老的故事，开发出了绵羊油。"然后很自然地进行产品推销。

在销售中，用讲故事的方式来介绍产品的话，会起到很好的效果。适宜的好故事，胜过推销员一千遍、一万遍说教的力量。用故事说话，有时产生的感染力是无穷的，它就像巫师手中的魔法石，能产生让客户无法抗拒的魔力，甚至为推销员省去千篇一律的繁冗的毫无吸引力的推销词。

其实，任何商品都有很多有趣的话题，比如它的发明、生产过程，能够带给客户的好处等。而作为销售人员来讲，就可以从中挑选出一些生动、有趣的部分，组合成一个个动人的故事，并作为销售的一种有效的方法运用到工作中去。用这种方法，你就能吸引客户，使其产生信心和兴趣，进而毫无困难地达到销售的目的。

让我们再来看看赵小姐的经历：

赵小姐最近签了一笔100万元的保单，这是她讲述的经过：

我去拜访唐太太时已是下午4点多，只有她的女儿和儿子在家写功课。“妈妈去烫头发很快回来”，我只好陪着他们，过了一阵子他们写完作业，就缠着我讲故事，我临机一动就说，“阿姨可以给你们讲故事，但你们要保证今晚把故事讲给你们的爸爸听，看谁的记忆好，好不好？”

“好！”两个小孩异口同声地答道。

“‘曲突徙薪’的成语故事听过没？”

“没有！没有！”

“这个故事发在汉朝，有一位客人到吕员外家，看到他们灶上的烟囱是直的，烟囱旁边又堆着很多木材，客人便告诉吕员外说，烟囱要改用弯曲的，而且木材要移开，否则将来会发生火灾，吕员外听了不作声。不久吕员外家失火了，邻居都跑来救火，才把火扑灭。吕员外杀了牛准备酒菜，请救火的人来吃，借以酬谢他们。而且按照救火功劳的大小顺序入座，却没有请最初建议他将烟囱改弯将柴火移开的人。有人对吕员外说：‘当初如果听了那位客人的话，今天就不用破费杀牛买酒，而且根本不会有火灾。如今论功请客户，那位客人应该功劳最大呀。’吕员外听了顿时觉悟。这故事好不好听？”

“好听！好听！再讲一个……”

“好，好，我下次再讲。爸妈晚上回来时，你们要先将阿姨讲给你们听的这个故事讲给爸妈听，然后问问爸妈有什么感想好不好？”

“阿姨的工作就像那位客人一样，在苦口婆心地希望人家参加保险哩。时间不早了，我下次再来。”

隔天我接到吕先生的电话，很快就签成这份保险。

这就是故事的魅力所在，所以销售要会讲故事，好的故事自己会说话。

事实证明，如果你能讲出一个好故事，让故事与产品结合起来，就会给客户留下很深刻的印象。所以，学会讲故事，能够让销售变得很简单。这是销售的秘诀，同时也是销售高手的天赋，他们每个人都是讲故事大师！

为客户讲一个故事并不困难，实际上，这是销售员的日常工作。你需要在平时就注意收集资讯，加大阅读量，并将得到的信息分门别类存储在大脑中。当你需要时，就把它们调动出来，加以润色，在合适的时机，结合不同的产品，用合适的方式讲给你的客户听。

那么我们在平时的业余学习中应该注意积累哪些方面的素材呢？即我们给客户讲述的故事可以包括哪些内容呢？总结如下：

第一，个人的成长或经历。讲个人成长的经历可以很好地向客户传达出坚持、勇敢、蜕变等价值。

第二，产品的故事。每一款产品都有它背后的故事，讲产品的故事会让客户得到的价值是品质，从而产生相信，以及对我们产品品质的信任。

第三，客户的故事。讲客户的故事，这会让他人产生信任、真实，同时也是最好的成交证明。不管你今天卖任何产品，收集过去客户曾使用你产品的整个过程的资料，包括有关售前、售中、售后所发生的每个细节，挑出其中能令新客户产生共鸣、激发需要的故事，如果你能讲得栩栩如生，就会对感召客户达成交易具有极大的推动力。

第四，企业一路走来的故事。讲一个企业过去、现在、未来的故事，可以诞生的价值是诚信、实力，一路走来从过去到现在到未来，这也是一种坚持，持之以恒的态度。

第五，品牌的故事。很多品牌一路走来有品牌积淀的故事，所以还要讲品牌的故事，这对成交的帮助很大。

对销售来说，说服是一件很重要的事。想卖出产品，总要说服客户。如果你能讲出一个好故事，让故事与产品结合起来，就会给客户留下很深刻的印象。所以，学会讲故事，能够让销售变得很简单。这是销售的秘诀，同时也是销售高手的天赋，他们每个人都是讲故事大师！

如果你想说服客户，就要将意见变成建议

在销售过程中，销售员要想把自己的意见或思想强加给顾客并让其去接受，是很费劲的做法，与其这样，不如提出有效的建议，然后让顾客去想出结论，那样不是更聪明吗？

在销售过程中，很多销售人员都因为一心急于说服客户，改变客户的想法，一逮着机会，就是滔滔不绝说个没完，丝毫不留给客户表达自己想法的机会。事实上真正想要让客户心悦诚服，最好的方法，还是要让客户得以充分地表达自己的想法。

一位专门负责销售装帧图案的销售人员，在向一家公司销售装帧图案时，每次这家公司的主管人员总是先看看草图，然后充满遗憾地告诉他："你的图案缺乏创新，我们不能用。"

一个偶然的机会，这位销售员读到了一本如何影响他人行为的心理学方面的书籍，深受启迪。于是，他带着一些未完成的草图，再次找到那位公司主管说："我这里有一些未完成的草图，希望您能从百忙中抽空给我指点一下，以便让我们能根据您的意见把这些装帧图案修改完

成。”这位主管人员答应看一看。

几天以后，这位销售员又去见那位主管人员，并根据他的意见，把装帧图案修改完成，最后，这批装帧图案全部销售给了这家公司。自此之后，他又用同样的方法顺利而成功地销售出许多装帧图案，并因此而获得了丰厚的报酬。

这位销售员在谈到成功经验时说：“我以前一直无法成功是因为我强迫别人顺应自己的想法，现在不同了，我请他们提供意见，这样，他们就觉得自己参与了创造设计，即使我不去销售，他们也会来买的。”

销售人员如果要想使客户信服，就应该记住：要换位思考，别将自己的意见强加于客户身上。没有一位客户喜欢被迫进行商品买卖。换一个角度，如果你想赢得客户或者使要征询客户的意见及需求，就让他觉得是出于自愿。

有一个年轻人去买摩托车。销售人员带着这个年轻人看过一辆又一辆的摩托车，但是这个年轻人总是不称心。这儿不合适，那儿也不好用，价格又太高，在这种情况下，销售员无计可施了，他就去向有经验的老销售员求助。

经验丰富的老销售员告诉他，此时最好停止向那个年轻人销售，而让他自动购买。不必告诉那个年轻人怎么做，为什么不让他告诉你怎么做？让他觉得出主意的人是他自己。这个建议听起来非常不错。于是，几天之后，当有一位顾客希望把他的旧摩托车换一辆新的时，这位销售员就开始尝试这个新的方法。他了解，这辆旧的摩托车对那个年轻人可能很有吸引力。因此，他打电话给那个年轻人，问他能够过来看一下，提供一点意见。那个年轻人来了之后，销售员对他说：“你是个很聪明的买主，你懂得摩托车的价值。能否请你看看这辆摩托车，试试它的性能，然后告诉我这辆摩托车应该出价多少才合算？”那个年轻人的脸上呈现出“满意的笑容”。

终于有人向他来请教了，他的能力已经受到赏识。他把摩托车开上了大道，跑了一会就开回来了。“假如你能以5000元买下这部摩托车，”他建议说，“那你就买对了。”

“假如我能以这个价钱把他买下，你是否愿意买他？”这位销售员问道。5000元？果然，这是他的主意，他的估价。这笔生意立即成交了。

无独有偶。机械工业部所属的某大学，准备建立一座现代化的电教大楼，一些厂家得知这一消息后，纷纷上门，希望该校负责设备的张教授购买他们的产品，有的一个劲地向张教授介绍他们厂的产品如何如何好；有的销售人员还暗示，如购买他们厂的产品，可以从中得到一笔可观的回扣等等，而A厂的王主任，却采取了与众不同的方法，他给张教授写了一封信，内容大致如下：尊敬的张教授，我们知道您是电化教学仪器设备的专家，今天写信打扰，是因有一件事希望您能帮点小忙，我们厂新近生产了一套电教方面的设备，在投入批量生产之前，我们想请您指导一下，看看哪些地方尚需改进。我们知道您的工作很忙，因此很乐意在您指定的任何时间，派车前往迎接。接信后，张教授感到十分荣幸，感到了自己的重要价值。他立即给王主任回信：本周末愿意前往。在王主任陪同下，张教授仔细观察、试行操作了该厂的产品，结果，只在一些小细节上提出一些改进意见。回校三天后，厂里接到张教授的来信：“经研究决定，我们购买贵厂的电教产品……”王主任运用“软销售”——谦逊的方式，让张教授自觉自愿选购，并让他觉得这完全是他自己的主意，从而获得销售的成功。

让顾客觉得办法是他自己想出来的，运用在销售上的确是一个屡试不爽的方法。要避免以己度人，改变他人而不致伤感情或引起厌恶。无论是谁，如果你想说服顾客，你想影响顾客接受你的思想方式，你就要将意见变成建议。

事实上，销售人员有时仅靠言语去打动客户几乎是不可能的，其结果恰恰相反——说而不服。有些销售人员一见到客户就滔滔不绝地说个不停，让客户完全失去了表达意见的机会，使客户感到厌烦。一旦客户厌烦，不用说，销售人员的销售注定要失败不可。所以，销售人员所要做的不是去强迫别人接受你的想法和产品，而是要让客户心甘情愿地接受你的东西。

拥有爱心，适当地对客户表示关心

在销售过程中，销售人员必须认识到客户渴望得到关注的心理，并且要在沟通过程中适时适度地表达对他们的关心和体贴。

《世界最伟大的销售员》一书中有这么一段话：“我要爱所有的人。仇恨将从我的血管中流走。我没有时间去恨，只有时间去爱。现在，我迈出成为一个优秀的人的第一步。有了爱，我将成为伟大的销售员，即使才疏智短，也能以爱心获得成功；相反的，如果没有爱，即使博学多识，也终将失败。”可见，销售成功并不完全取决于技巧，有时，只要你拥有一颗爱人之心就可以了。

有一位销售员经常去拜访一位老太太，打算以养老为理由说服老太太购买股票或者债券，为此，他就常常与老太太聊天，陪老太太散步。经过一段时间，老太太就离不开他了，常常请他喝茶，或者和他谈些投资的事项。然而不幸的是，老太太突然死了，这位销售员的生意泡汤了，但仍然前往参加了老太太的葬礼。当他抵达会场时，发现竞争对手另一家证券公司竟也送来了两只花圈，他很纳闷："究竟是怎么一回事呢？"

一个月后，那位老太太的女儿到这位销售员服务的公司拜访他。据她表示，她就是另一家证券公司某分支单位（机构）的经理夫人。她告诉这位销售员："我在整理母亲遗物的时候，发现了好几张您的名片，上面还写了一些十分关怀的话，我母亲很小心地保存着。而且，我以前也曾听母亲谈起过您，仿佛与您聊天是生活的快事，因此今天特地前来向你致谢，感谢您曾如此关心我的母亲。"

夫人深深鞠躬，眼角还噙着泪水，又说："为了答谢您的好意，我瞒着丈夫向您购买贵公司的债券……"然后拿出40万元现金，请求签约。对于这种突如其来的举动，这位销售员大为惊讶，一时之间，无言以对。

这是发生在销售界的一个真实的故事，有些人可能认为这份合约来得太突然、太意外，其实不然。老太太的女儿之所以会这样做，就是因为被他的爱心所感动，才买下该公司的债券。

无独有偶。有一次，小张上门给顾客送产品时，听顾客说，他隔壁住了一位老太太，先生早逝，儿女都在海外，身体情况不太好。小张心里就想，也许公司的营养保健食品对她会有所帮助。于是，小张就在顾客的引见下登门拜访。知道小张的来意后，老太太婉拒："我不太相信什么保健品，就连儿女买的保健品还有很多没开封呢。"

离开后，小张总是记挂着这位孤独的老人，每逢去那位顾客家送货时，都要去老人家坐坐，陪她聊一会儿天。没想到有一天，老人向来看她的小张认真咨询起营养品的功用，还请小张针对自己的身体情况推荐几款。

生意就这样做成了，就连小张自己都有些纳闷：自己再也没向老人销售过产品，她怎么会有180度的大转弯呢？其实，有经验的销售人员一看就明白，是小张对老人真诚的关心最终促成了交易，因为它满足了老人被了解与被重视的需求。

一个好的销售人员是天性上就会倾向关心他人，也一直在试图让别人快乐。如果你能让顾客或潜在顾客感觉到，你是真心喜欢他们，关爱他们，也很敬重他们，那么你的销售将会无往不胜。

乔·吉拉德是世界上最伟大的销售员，他在15年里卖出13000辆汽车，最多的一年竟卖了1425辆，他的成功，就是归功于他用关怀温暖了每一个人。

有一次，一位中年妇女走进他的展销室，她说想在这儿看看车打发一会时间。闲谈中，她告诉乔·吉拉德她想买一辆白色的福特车，就像她表姐开的那辆一样，但对面福特车行的销售员让她过一小时后再去，所以她就先来这儿看看。她还说这是她送给自己的生日礼物：“今天是我55岁生日。”

“生日快乐！夫人。”乔·吉拉德一边说，一边请她进来随便看看，接着出去交代了一下，然后回来对她说：“夫人，您喜欢白色车，既然您现在有时间，我给你介绍一下我们的双门轿车——也是白色的。”

他们正谈着，女秘书走了进来，将一束玫瑰花递给他。他把花送给那位妇女：“祝您生日快乐，尊敬的夫人。”

显然她很受感动，眼眶都湿了。“已经很久没有人给我送礼物了。”她说，“刚才那位福特销售员一定看我开了部旧车，以为我买不起新车，我刚要看车他却说要去收一笔款，于是我就上这儿来等他。其实我只是想要一辆白色车而已，只不过表姐的车是福特，所以我也想买福特。现在想想，不买福特也可以。”

最后她在乔·吉拉德这儿买走了一辆雪佛莱，并写了张全额支票，其实从头到尾乔·吉拉德的言语中都没有劝她放弃福特而买雪佛莱的词句。只是因为她在这里感受了重视和关心，于是放弃了原来的打算，转而选择了乔·吉拉德的产品。

可见，销售人员付出真诚，让客户感受到你的关心，就能赢得客户。所以，任何一位不愿意失去成交机会的销售人员都要拥有一颗爱人之心，努力营造彼此友善相处的良好沟通氛围，这样才会在销售中无往不胜。

爱是这个世界所有人都没有办法拒绝的。销售人员在事业的拓展中，对待客户要有爱心，也许客户会拒绝你的产品，但不会拒绝你的爱心和关心。人们常说：“爱心有多大，事业就可以做多大”，这是很有道理的观念。所以说，销售人员必须是充满爱心的人，你要爱你的产品、爱你的客户，这样你才能得到客户的回报。对客户和周围事情冷漠、无动于衷的人，是当不了销售人员的。人人都需要关心，如果你还没有开始关心客户，那么就从现在开始吧，因为关心永不嫌迟。

第八章

妙语促进，让交易最后一锤定音

制造“痛苦”，让客户主动买单

人们的改变都是基于两个动机：一个是追求快乐，另一个是逃离痛苦。人们之所以购买产品也是基于这两个原因：一是客户感到购买产品能为他解决问题，并带来很多快乐；二是如果不购买会带来很大的损失和痛苦。

房地产销售世界纪录保持者汤姆·霍普金斯曾接受一家大都市报纸的记者采访，记者向他提出挑战，要他当场展示一下如何把冰卖给爱斯基摩人，于是有了脍炙人口的销售经典故事。

汤姆：“您好！我叫汤姆·霍普金斯，在北极冰公司工作。我想向您介绍一下北极冰给您和您的家人带来的许多益处。”

爱斯基摩人：“这可真有趣。我听到很多关于你们公司好产品，但冰在这儿是不花钱的。我们甚至住在冰房里。”

汤姆：“是的，先生。您知道注重生活质量是很多人对我们公司感兴趣的原因之一，看得出来您就是一个注重生活质量的人。你我都明白价格与质量总是相连的，能解释一下为什么您目前使的冰不花钱吗？”

爱斯基摩人：“很简单，因为这里遍地都是。”

汤姆：“您说得非常正确。您使用的冰就在周围。日日夜夜，无人看管，对吗？”

爱斯基摩人：“噢，是的。这种冰太多太多了。”

汤姆：“是的，先生。现在冰上有我们，您和我，那边还有正在冰上清除鱼内脏的邻居，北极熊正在冰面上重重地踩路。还有，您看见那些动物沿水边留下的脏物吗？请您设想一下好吗？”

爱斯基摩人：“我宁愿不去想它。”

汤姆：“也许这就是为什么这里的冰是如此……能否说是经济合算吗？”

爱斯基摩人：“对不起，我突然感觉不大舒服。”

汤姆：“我明白。给您家人饮料中放入这种无人保护的冰块，如果您真正感觉舒服必须得先进行消毒，不是吗？那您如何去消毒呢？”

爱斯基摩人：“煮沸吧，我想。”

汤姆：“是的，先生。煮过以后您又能剩下什么呢？”

爱斯基摩人：“水。”

汤姆：“这样您是在浪费自己时间。说到时间，假如您愿意在我这份协议上签上您的名字，今天晚上您的家人就能享受到干净、卫生的北极冰饮料。噢，对了，我很想知道您的那位清除鱼内脏的邻居，您以为他是否也乐意享受北极冰带来的好处呢？”

不愧为销售大师，在销售的过程中不断设置问题、引导客户的思路，善于制造痛苦点，并扩大痛苦点，在成交的最后还不忘让客户来个口碑宣传。

人是有惰性的，只有到了痛苦的临界点，到了再也不能忍受的程度，他才会向前推进，做出改变。

一天，教授向同学们提了一个问题：“你们怎样才能使猫吃辣椒？”

同学甲说：“那还不容易，你让人抓住猫，把辣椒塞进猫嘴里，然后用筷子捅下去。”

对于这种解决方法，教授摆了摆手说："每件事都应当自觉自愿的。"

同学乙回答说："我首先让猫饿三天，然后，把辣椒裹在一片肉里，如果猫非常饿的话，它会囫囵吞枣般地全吞下去。"

教授也不赞成这种做法。

那么，教授的策略是什么呢？

教授笑着说："这很容易，你可以把辣椒擦在猫屁股上，当它感到火辣辣的时候，它就会自己去舔辣椒，并为能这样做而感到兴奋不已。"

大部分人都是近视眼，懒惰和拖延是他们的习惯，他们只是看到眼前，而感受不到将来的损失，只有在极度痛苦的时候，才会寻求解决问题的办法。

如何找到痛苦点呢？最好的办法是让客户说出痛苦点，然后销售员要做的就是不断扩大客户不购买的痛苦，以令客户下决定购买。

比如美容院的美容师接待客户。通常美容师对待客户是这样说的："你看你的皮肤，又干，又有斑……"客户比较反感这样的销售。客户当然知道自己的皮肤有问题，如果你把客户当傻瓜，那你就是最大的傻瓜。如果我们换成下面的对话，是不是更好呢？

美容师："这位顾客，你长得好漂亮呀，脸庞好美，而且五官也很精致。"

客户："哪里哪里！你看我皮肤有点干，而且有些地方有了斑。"

美容师："你不说我还看不出来。是的，好像有点美中不足，眼睛旁边都 有了小的细纹，你的皮肤本来就白，不注意看还看不出来。"

客户："那怎么办呢？"

美容师："你每天喝多少水？你的斑从什么时候开始有的呢？像你这样娇嫩的皮肤在年轻的时候相当好，但会老得快。我的邻居结婚之前可漂亮了，和你的皮肤一样，有点小问题没有注意。结婚之后更加没有注意保养皮肤，现在的状况相当糟糕。前几天我碰到她，我简直不敢认了，满脸的斑点，好多皱纹。据说现在他们夫妻关系也不怎么好。才35岁，看上去简直像45岁！女人呀！真的要爱惜自己的皮肤！你说是吗？后来我和她讲，要注意保养自己的皮肤，毕竟我们只有这一张脸，老公也不愿意天天对着一个黄脸婆。其实你们这种皮肤只要保养得当那是相当好的。我有一个客户，和你一样的肤质，在我们这里做了一年的皮肤保养，现在38岁了，看上去就像28岁，那皮肤好让人羡慕，她还帮我介绍了不少的客户呢。"

客户："那我怎么办护理卡呢？"

一般制造痛苦的方法如下。

首先，找到一个缺陷（可以是客户存在的问题，也可以是竞争对手的产品或服务的问题），此时切记不要夸大（否则对方会反感），让对方认可这是一个缺陷，但也许无关紧要。我们不能批评客户购买的产品差，否则客户就认为你在说他傻、没有眼光。我们可以说：这个产品不错呀，真的，只是要是这个地方改善一点就更好了，当然了，没有谁的产品能做到十全十美，只能做到尽善尽美。客户很容易就会认同我们的看法。

其次，我们由这个缺陷说开去，可以打比方，可以讲故事，可以用客户见证，由这个缺陷带来什么样的后果，又由这个后果导致什么更严重的后果……不断扩大由缺陷带来的痛苦。

最后，告诉客户解决问题的办法，以及用你提出的这个方案给客户带来的快乐。记住，在制造痛苦时，不要让客户觉得是攻击他，要让他觉得你是在帮助他，和他在同一条战线上。

“威胁”客户，制造心理压力

不管什么商品，也不管你的价格定为多少，客户都会有一种砍价的习惯。面对这种客户，你就要学会适时地“威胁”他们，制造心理压力，这样你才能使客户下决定签单。

对顾客施加压力并不是强迫顾客来买你的商品，而是运用一种心理战术，使顾客无形中感到一种压力，这种压力是他们自己产生的，他们感觉不出这是由于销售人员而造成。

销售人员在进行商品销售时，要想方设法先使顾客感到慌里慌张，没有阵脚。然后，再进行你的销售，这就是本法的基本内容。

张力在一个家具城做了几年的销售，遇到过形形色色的客户。有一次，他遇到了一位和他一样姓张的顾客，是一家企业的老板。因为新迁了厂址，办公室里需要几套高档的桌椅，这个张老板对这类用品的要求很高，所以亲自来选。

张力带这个张老板来到会客室，商谈有关事宜。张力事先已经知道，这位张老板已经来过展厅几次，却始终没有找到各方面都中意的产品。从形象上观察，这个张老板文质彬彬，有一种儒商的气质，张力判断，这位张老板不会轻易下单。果然如此，在价格上，张老板连连杀价，毫不口软。面对这样强势的顾客，张力自然也是针锋相对，毫不退步。最后，张力妥协，把价格降至最底线，这个张老板还是不松口，两

人沉默了数分钟之久，谁也不作声。因为都知道，先开口者必死，所以谁都不敢随意开口！

可是，这么僵着也不是办法。张力大脑迅速旋转，突然站了起来，端起水杯，对张老板说：“您请喝茶！”张老板看到张力先开口，正在暗中窃喜，却没料到是“喝茶”这两个字。他本人是一个儒商，哪能不明白对方的意思？明摆着是逐客吗？本以为胜券在握的张老板，顿时乱了方寸，他脸上一红，连连说：“好说，好说。”坐下来，继续谈。最后，张力又小作让步，终于顺利地拿到了订单。

张力这一招，可谓是一步险棋。他之所以赢得了这次谈判，是因为他对顾客有着准确的判断。这个张老板多次来展厅看样品，而且是亲自谈判，说明他对本厂的家具很有兴趣。另外，张老板已经有了购买的意愿，却又想在价格上压价，这时张力的“端茶送客”，让他的心中压力顿生，彻底陷入了被动之中。

对客户施加压力，并不是说要用语言或动作逼着客户购买你的产品，而是想方设法在思想上给他制造压力。这种压力来自于他们自身，而不是来自于销售员。

在客户摇摆不定时，销售员可以暗示他说“机会难得”，来给他造成心理上的压力。例如，“这是最后一台，下次来货就要等到三个月以后。”这就等于是告诉客户说，你买不买？不买就没有了。又如，“本公司下月初将大幅度提高产品售价，离现在只有2天时间了，所以我建议您今天就做出决定。”再如，负责复印机销售的销售人员会通知他的客户，公司对复印纸的特价优惠日期截止到本星期末。这样，客户会觉得如果不把握住这个机会，将会造成极大的遗憾，紧迫感也就因此而产生了。紧迫感一旦产生，客户就自然而然地要做出购买的决定。

给客户施加压力，有时可以把矛盾抛给他，让他自己解决。在顾客犹豫不决的时候，你可以说："我们的产品能为您的企业带来丰厚的利润，我相信您是一个明智的人，能够做出明智的决定。"这句话的言外之意就是，如果想让自己的公司获得利润的话，那就赶快购买我们的产品吧！"这个价格对您这样的先生来说，简直是九牛一毛，您不会在乎这点钱的。"这句话的意思是，如果你不买，就是承认自己没钱。

在这种语言环境之下，很多顾客都会产生一定的心理压力，无论是为自己公司的利益考虑，还是为了顾全自己的面子问题，大部分顾客都会做出购买的行动。

巧妙地向客户施加压力，是促成销售成功的一个重要技巧。使用推销施压，关键是销售人员应该审时度势，努力做到让客户从你身上看到一种信心，并感到安慰。这种技巧的掌握，是与销售人员的反应灵敏度有很大关系的，销售人员只有在实践中才能不断提高自己的技巧。

价格报对了，产品才能卖得好

报价是销售过程中一个很关键的阶段。价格报得过高，会被客户认为没有诚意，而价格报得过低，则会让公司的利润受损。因此如何恰到好处的报价是需要掌握一定的技巧的。

下面为大家提供一些专门针对客户心理而设计的报价策略，供大家参考：

1. 选对报价时机

在销售时，销售员选择好一个合适的报价时机是很重要的。有时客户听到价格转身就走，很可能是由于销售员报价的时机选择不当所造成的。尤其，在客户对产品情况尚不了解的情况下就报价，此时听了报价后，由于客户还没有认识到商品的价值所在，极有可能出现转身就走的情况。这种情况经常会发生在一些急于追求销售成功的新销售员身上。所以，在销售时，销售员一定要选择合适的时机来报价。那么在销售中，哪些时机适合报价呢？

根据上面所述，应该在客户对产品有了一定的了解后才可以报价。通过销售员的介绍和对相关问题的详细解答，客户对产品的功能、个体特征以及其他相关信息都有了一定程度的了解，清楚了此产品的长处，可以对产品有一个比较客观公正的价格判断了，这时，如果客户再次询问价格的话，销售员是可以选择报价的。如果产品价格是在客户可以接受的正常范围内，销售一般都会继续进行下去的。

另外，当客户对商品表示出兴趣时也可以报价。如果客户表现出对商品较高的兴趣时，你就可以主动地报价，因为此时的客户已经被产品的某些特征所吸引，关于价格问题已经不是他最在意的了，并且，有时即使价格相对高一些，客户也可能会购买。如果客户认为贵了，他也会采取想办法砍价的方法。总之，他是不会马上离开的。

2. 开盘价应当报得高些

销售员在报价时，一开始就要把价格报得高一些，这是因为：

第一，开盘价给我们的要价定了一个最高限度。开盘价一经确定，一般来说，我们就不能再提出更高的要价了，更不能以为对方会接受更高的价格。

第二，开盘价会影响对方对我们提供的商品或服务的印象和评价。

第三，开盘价高，能为以后的磋商留下充分的余地。因为我们手里留着一些进行交易的“牌”。

第四，开盘价对最终成交水平具有实质性影响。我们的要求和目标越高，最终能得到的好处就越好。

开盘价要报得高些，但同时也必须合乎情理，要能讲得通。如果报价过高，讲不出道理，肯定也会让客户产生想法。客户会认为这是一种冒犯，如果在以后阶段的谈判中，对方提出质问，我们没有办法给出一个合理的解释。这样不仅让自己信誉受损，而且很快落到下风，被迫做出让步。

3. 要注意产品的报价顺序

例如啤酒报价，我们通常报一瓶的价格（1．5元），却不报一箱的价格（36元）。因为整件报价不易换算成单价，而且整件价目大，一时之间会给人留下高价的印象。

再比如：一位销售员向一位画家销售一套笔墨纸砚。如果他第一次报高价，画家可能根本不买。但他可以先报笔价，要价很低；成交之后再谈墨价，要价也不高；待笔、墨卖出之后，接着谈纸价及砚价，这时却抬高价格。画家已经买了笔和墨，自然想“配套”，不忍放弃纸和砚。这样，销售员获得的利润一点都没有减少。

4. 报价要明确、语气要坚定

报价要非常明确，以便对方准确地了解我方的期望。我们可借助于直观的方法进行报价，比如，在宣读报价表时，拿出一张纸把数字写下来，并让对方看见，这样就能使报价更加明确无误。

提出价格问题时，语气要坚定不移，就好像没有任何商量余地一样。如果我们用“大约”、“据说”、“大致”这样一些词，客户就会把这作为价格还有商量的余地的信号。所以，开盘报价或向对方提出的要求要坚决而果断，不要给对方留下余地。这样，也能够让客户感觉到我们做事的认真和实在。

在向客户报出价格时，没有必要为那些合乎情理的事情进行解释，因为对方肯定会对有关问题提问的。如果在对方提问之前，我方就沉不住气、加以主动说明的话，往往会使客户从我们多余的解释中看出我方最关心的问题，这些问题也许是他们过去从来没有考虑过的，这样就给我们带来了不必要的麻烦，给价格谈判增添了阻力。

尤其需要注意的是，千万不要准备一份带有详细论证的长篇陈述交给客户。这样，由于你给出的信息量太大了，客户不可能一下子消化掉这么多材料；这样的长篇大论也无法吸引客户的兴趣，客户很可能连看都不看。所以，报价一定要简单明确。

5. 对于先报价还是后报价要相机而动

在与客户的沟通中，究竟谁先报价？是由销售人员报价还是由客户报价？这个问题在实践中一直有争议。

但是不管怎样，销售人员应该注意到在报价先后的问题上都存在的利弊。其有利的方面是：先报价的影响大。如销售人员先报价，实际上为谈判定下了框框，最终交易合同将会在此范围内达成。因此，先报价比后报价的影响要大，力度要大。

其不利方面是，如果客户对销售人员的价格起点已有所了解，对方可以修改自己的报价即还价，获得可能本来得不到的好处。

在推销报价中，究竟应该谁先报价，则要具体问题具体分析，看看先报价、后报价对销售人员是否有利。如果谈判很激烈，销售人员则不妨先报价，以争取主动；如果是正常气氛的推销洽谈，则可以相机而行，见机行事。

如果推销对象是老客户，彼此已有长时间的业务往来，双方的合作关系较长，互相了解，关系融洽。在这种情况下，谁先报价对双方来说都是可行的。而且，在洽谈各项合同条款时，也不必逐项议定，因为，以往的、通行的做法得到了双方的确认，因此，需要洽谈的只是少数几个交易条件。由于双方彼此之间比较信任，合作气氛浓厚，报价和议价阶段也就不再是一个棘手的、需要反复较量的过程了，双方都不会在枝节问题上过多地纠缠，因而整个谈判进程就可大大加快，在较短的时间内就能顺利地完成交易。

事半功倍，掌握10种有效的成交技巧

在销售领域里，成交是你做对了许多事情之后的结果，它不能作为目的。当然，成交也是非常重要的，成交才能使你的工作变得有意义，但这是建立在顾客真正需要的基础上的。

下面是许多顶尖销售高手在使用过许多成交方法之后总结出来最有效的10种成交技巧：

1．Yes成交法

如果你推销的产品品质优良，而且若干产品的优点正符合客户的需要，在客户承认这些优点之前，要先准备一些让客户只回答是的问题。例如：“某某先生，我们的产品比A产品省电20%，对吗？”“我们的机器比A公司的机器便宜500元，是吗？”

当然，这些问题必须能表现出产品的特点，同时在你有把握客户必定会回答是的情况下才提出。掌握了这个诀窍，你就能制造一连串让客户回是的问题。最后，你要求客户签订货单时，他也会心甘情愿地回答是了。

2．选择成交法

选择成交法是提供给客户三个可选择的成交方案，任其自选一种。这种办法是用来帮助那些没有决定力的客户进行交易。这种方法是将选择权交给客户，没有强加于人的感觉，利于成交。如一个早餐点销售鸡蛋，一个办法是你要不要蛋，另一种是你要一个还是两个蛋，结果销售鸡蛋的业绩可想

而知。

3．细节成交法

就是在产品的次要问题上成交，允许顾客在交货期、产品特征、颜色等方面做出选择。顾客怕做出错误的决定，特别是大金额的购买决定。相反，在一些小问题、简单的问题上，他们很容易接受。

假如你是房地产销售员：

“假如有这样两栋房子，一种站在阳台上可以看到一望无际的海景，一种站在阳台上可以看到天空上的美景，您更喜欢哪一种？墙壁的颜色，您喜欢白色还是蓝色？”

“看得出来，您对这栋漂亮的房子很满意，它也能满足您的需要。您想如何使用这栋房子以及要如何享受它带给您的温馨呢？”

“我希望能为您省点钱，是去我的办公室还是在这里签订书面协议呢？”

“您是用支票方便一点，还是用现金方便一点？”

4．证人证言成交法

你在销售时，可以说出一位专家或是一位令顾客尊敬的人也在使用你的产品，或者你还可以向顾客提供名人见证，顾客见证。那么，你的信赖感就会好很多。

“您知道凯凯吗？”

“非常了解，他为人非常友善，目光独到，行事果敢，能在激烈竞争的条件下，建立起自己的企业王国。”

“是的，您的说法我非常赞同，他也在使我们的产品，这是他为我写的证明信。”

然后，你把顾客为你写的证明信打开给顾客看。

“我已经试过了，我很喜欢它。”

5. 保证成交法

保证成交法是指销售人员直接向客户提出成交保证，使客户立即成交的一种方法。所谓成交保证就是指销售人员对客户所允诺担负交易后的某种行为，例如，“您放心，这个机器我们3月4号给您送到，全程的安装由我亲自来监督。等没有问题以后，我再向总经理报告。”“您放心，您这个服务完全是由我负责，我在公司已经有5年的时间了。我们有很多客户，他们都接受我的服务。”让顾客感觉你是直接参与的，这是保证成交法。

6. 额外好处成交法

人都会或多或少有些占便宜的欲望。销售人员可以向顾客提供一种有价值的东西，这个有价值的东西是顾客不用付费的附加价值。在成交的关键时刻，告诉顾客你的产品不仅能满足他预期的需求，而且还能给予意外的利益或好处。

有一位姓李的房地产销售员，他喜欢牧羊犬，他在销售房屋时总是带着他的小狗。一天，杨先生想买一栋价值248000美元的房子。

“杨先生，您看看天空的美景和周围宁静优雅的环境，我相信您一定会喜欢它。”李先生说。

“你说的也许不借，但你的价格太高，而且，房间的设计布置也不十分合理。”杨先生说。

“您的感觉我能理解，但想想这世外桃源式的庭院，生活在这里是多么惬意，其他也许就不是这么重要了。而且，这只名贵的牧羊犬可以陪伴着您。”

“这只狗也包括在房子里？”

“当然，没有狗的房子怎能算完整呢？”最后，杨先生表示同意购买这栋房子。

7．骄傲成交法

人类最深刻的渴望是做一个重要人物的感觉，每个人都有一个自我尊荣感。你在销售时，可以描绘顾客拥有产品之后的美好景象，让顾客心中充满遐想，充满骄傲。当然愈生动愈好。

假如你是卖汽车的，你可以对顾客说：“想象一下您坐在真皮驾驶座上，带着您的家人在郊外驰骋，那是一种什么样的感觉？”

“不用说，您一看到它，您就会喜欢它带给您那种流线型的美感。”

“当您开着这辆新车，回到您的家乡省亲时，乡亲们会用一种什么样的羡慕眼光来看您？”

8．机会成交法

机会成交法也叫作无选择成交法、唯一成交法、现在成交法、最后机会成交法。例如：“我们这个机器只剩下三台了，我们最后的优惠时间只有一个星期了……”这就是机会成交法。

9．特殊待遇成交法

人们就是喜欢不一样的东西。有不少顾客自己认为自己是全世界最重要的人物。所以在从事销售时要给顾客特殊待遇，即使不是，你也要装着是。

“王先生，您是我们多年的老顾客、老朋友，我们生产的这种产品只有一点了，这是特意为您留的。毕竟照顾老朋友的优先权是我应尽的义务。”

“赵小姐，您是我们的大客户，理所当然要享受最低的价格，这样吧……”

10．富兰克林成交法

顾客在面临决定的关键时刻，总犹豫不决。这时你拿出一张纸，将购买产品的优点写在左边，不买这种产品的缺点写在或边，然后让顾客一一分析优缺点。你就在一旁帮助顾客记忆优点，至于缺点就由顾客自理了。

你要承认这些缺点，但要以优点来淡化缺点，当顾客发现购买产品的优点多于缺点时，他就会买。

强调产品的优势，化解客户价格异议

眼看即将成交，但是客户对价钱还是有些异议，这个时候与客户的交谈非常重要，如果言谈不得体，可能会让即将成功的交易泡汤。如果能摸透客户的心思，可能很快就能促成交易。

在处理价格难题时，当顾客提出价格太高时，推销员应接过对方的问题，多向对方介绍产品的优点、功能、效用等。在此时必须强调“一分钱，一分货”，通过对产品的详细分析，使顾客认识到他花这么多钱是值得的。

例如，一位女士想购买××牌美容霜，但又觉得太贵（180元钱一瓶），有点舍不得，便产生了顾虑。

看到顾客犹豫不决，推销员说道：“小姐，您不知道，这种××牌美容霜含有从灵芝、银耳、鹿茸中提取的特殊生物素，具有调节和改善皮肤组织细胞代谢作用的特殊功效。它可以消除皱纹，使粗糙的皮肤变得细腻，并能保持皮肤的洁白、柔嫩、富有弹性与光泽，从而达到美容的效果。况且，它需要的用量很少，一天只需使用一次，一瓶可使用半年，并且适用于每一种类型的皮肤。”那位女士在听了这番细致的解释后，心里的价格障碍也就随之烟消云散了。

一般情况下，顾客在购买决定做出之前，都会详细比较产品的性能、功效、款式，并向推销员提出价格异议。

“你们的产品怎么这么贵？人家的同类产品却要便宜得多。”遇到这种情况时，推销员可采取比较优势的方法，突出自家产品所拥有的独特优势与卖点。

例如，仪表成套设备推销员可以这样对顾客说，“我们这套温度控制系统的确要比其他厂家的同类型产品贵一些，但是我们的产品有着与众不同的优点，其一，产品检测记录的控制精度能够达到0.1度，既能保证你们的产品质量，又能节约电耗；其二是对安装地点的环境要求不高；其三是仪表可靠性高，平均无故障工作时间可达8年以上；其四是仪表的更新维修十分方便。这些特点，其他厂家的同类型产品都是无法与之相比的。”通过这一番比较，顾客觉得多花500元是值得的，因而也就不在价格问题上纠缠不休了。

此外，推销员还可以向顾客比较产品的优势，还可以比较非产品优势，如免费调试安装、分期付款、随时提供上门维修服务等，因此，优势比较法是解除顾客价格疑虑的重要方法。

客户：“我是××防疫站陈科长，你们是某某公司吗？我找一下你们的销售。”

电话销售：“哦，你好！请问您有什么事？”

客户：“我想咨询一下你们软件的报价，我们想上一套检验软件。”

电话销售：“我们的报价是98800元。”

客户：“这么贵！有没有搞错。我们是防疫站，可不是有名的企业。”（态度非常高傲。）

电话销售：“我们的报价是基于以下两种情况：首先从我们的产品质量上考虑，我们历时5年开发了这套软件，并且与全国多家用户单位合作。对全国的意见和建议进行整理，并融入我们的软件中。所以我们软件的通用性、实用性、稳定性都有保障。另外，我们的检验软件能出检验记录，这在全国同行中，也是首例，这也是我们引以为傲的。请您考察。”

客户：“这也太贵了！你看人家成都的才卖5万元。”

电话销售：“陈科长，您说到成都的软件，我给您列举一下我们的软件与成都软件的优缺点：咱们先说成都的，他们软件的功能模块很全，有检验、体检、管理、收费、领导查询等，但他们软件的宗旨是将软件做得全而不深。而我们的宗旨是将软件做到既广又深。就检验这一块来说，他们的软件要求录入大量的数据和需要人工计算，他实现的功能只是打印；而再看我们的，我们只需要输入少量的原始数据即可，计算和出检验记录全部由计算机完成，这样既方便又快捷。另外，我们的软件也有领导查询和管理功能。在仪器和文档方面我们的软件也在不断改进，不断升级。”

客户：“不行，太贵。”（态度依然强硬）

电话销售：“您看，是这样的，咱们买软件不仅买的是软件的功能，更主要的是软件的售后服务。作为工程类软件，它有许多与通用性软件不同的地方。我们向您承诺，在合同期间我们对软件免费升级、免费培训、免费安装、免费调试等。您知道，我们做的是全国的市场，这期间来往的费用也是很高的，这我们对您也是免费的。另外，在我们的用户中也有像您这样的客户说我们的软件比较贵，但自从他们用上了我们的软件以后就不再抱怨了，因为满足了他们的要求，甚至超过了他们的期望。我们的目标是：利用优质的产品和高质量的售后服务来平衡顾客价值与产品价格之间的差距，尽量使我们的客户产生一种用我们的产品产生的价值与为得到这种产品而付出的价格相符的感觉。”

客户：“是这样啊！你们能不能再便宜一点啊？”（态度已经有一点缓和。）

电话销售：“抱歉，陈科长你看，我们的软件质量在这儿摆着，确实不错。10月21号我们参加了在上海举办的上海首届卫生博览会，在会上有很多同行、专家、学者。其中一位检验专家，他对检验、计算机、软件都很在行，他自己历时6年开发了一套软件，并考察了全国的市场，当看到我们的软件介绍和演示以后当场说：‘你们的和深圳的软件在同行中是领先的。’这是一位专家对我们软件的真实评价。我们在各种展示中也获过很多奖，比如检验质量金奖、检验管理银奖等。”

客户：“哦，是这样啊！看来你们的软件真有一定的优点。那你派一个工程师过来看一下我们这儿的情况，我们准备上你们的系统。”（他已经妥协了。）

至此，经过以上几轮谈判，产品的高价格已被客户接受，销售人员的目标已经实现了。

善于解决客户提出的价格异议，才能快速成交。想要卖出价格高、质量好的产品，销售员就要想办法让客户明白“一分价钱一分货”的道理，要传递给客户这样的信息，这么好的商品才卖这个价格已经很实惠了，然后强调商品的优点及能够带给客户的利益，让客户强烈地意识到自己对商品的需求。

价格谈判：不要单方面做过早的让步

在价格谈判中，有一条很重要又很单纯的原则是：不要单方面做过早的让步，否则你会在下面的销售谈判中陷入被动。世界上没有白给的东西，也绝对没有无理由的让步，否则情况会变得非常棘手。

单方面让步之所以坏事，并不在于所作出让步的大小，关键在于它削弱了你的谈判地位。可以试想下，如果你的产品和服务没有任何问题，为何要做无条件的让步？是不是你心中有鬼却不好公开？当你面对客户作单方面无条件让步时，他们会这样去想，不信任感加强，对你产品或服务的价值判断也会因此贬值，反而让你在谈判中陷入反动。

小李："赵总，你看，我们可以在报价的基础上下降10%。"

赵总："你们的价格还是太高，我们再考虑考虑。"

小李："好吧，一口价，我再降5个点。"

赵总："好吧，我们开会研究一下。"

一个月后。

赵总："小李，我们决定购买你们公司的产品，但是还要降5个点。"

小李："对不起，赵总，我给你报的已经是底价了。"

赵总："小李，你不实在。你的竞争对手可又给我降了5个点，你看着办吧！"

小李："……"

适当地让步有助于缓和紧张的销售氛围，然而让步也需要讲究方法。如果销售员让步过早，或者每次的让步幅度过大，不能正确把握让步的尺度，不给自己的销售留退路，就很可能陷入两难的境地。从而给接下来的销售工作带来影响。针对以上的情景，销售员可以这样来做：

销售员："您觉得还有什么问题吗？"

客户：“我觉得你们的产品价格还是偏高，如果你能再降些价格，我们可能会认真考虑一下……”

销售员：“我想对于我们产品的质量您是十分清楚的，我公司的电子配件之所以这样受欢迎，完全得益于其良好的质量和信誉。如果您购买我们公司的产品，是绝对不用担心质量问题的，而且我们的售后服务非常到位，相对于此，我们的价格应该还是比较合理的。”

客户：“你们的产品质量的确不错，不过我还是觉得贵了点。如果能再优惠一些我会考虑的。”

销售员：“这样，每件电子配件我们再降10元，这个价格已经很低了，不能再降了。”

客户：“这个价格也不低啊，能再降一些吗？”

销售员：“这样，我们电子配件单价的降价范围是不能超过20元的，说实话，对于那些合作多年的老客户，我们也始终没有超过这个范围。如果您真的想要我们公司的产品，我就给您个特惠价，每件电子配件我们给您降20元。就全当您是我们的老客户了。您看怎么样？”

客户：“哦，那好。就这样吧。”

通常在销售谈判中，采取适当的让步在所难免。但是这种让步必须是有计划、有步骤的，因为你需要通过让步来传递某种信息，并以此来换取客户的让步，这样可以知道你做出的让步在客户心目中的价值。所以，未经计划的让步是不可取的。

在谈判前，一定要考虑好让步的幅度与层次。对方大幅度的让步，可以换取你较大幅度的让步，对方小幅度的让步，也只能换取你较小幅度的让步。让步的过程要做到循序渐进，不能一次性让到底。让步的幅度应该是先大后小，越到后来越难。比如，你在第一轮谈判中降价5%，在第二轮谈判中你的让步幅度一定不能高于2%，你不可能第二次降价5%甚至更高，这只能让客户觉得你合作没有诚意，从而对你失去信任。我们在前面已经说了，那种无条件、无休止的让步，不但不能感动客户，反而让顾客得寸进尺。

缺乏经验的销售人员总会过早地做出让步的倾向，其结果非常糟糕。过早的让步，会使你失去在下一阶段与对手讨价还价的本钱，并使自己产品或服务在客户心目中的价值大打折扣。若你真的要做出让步的话，就必须确保你让步的方式能够准确地传递你本来希望表达的信息。同时尽可能多地掌握对客户来说有价值的资料，以便让你在让步中得到应有的补偿。

假定成交法：促成客户快速成交

假定成交法是指在同顾客的销售会谈进行到一定程度的时候，可以采用积极假设法，假定顾客的购买将成事实，销售人员不失时机地向顾客提出一些实质性问题，可以尽快地与顾客达成交易的一种方法。

这种方法的立足点是假定“顾客会买”，例如，一位销售人员对客户说：“刘厂长，既然您一切都很满意，那么我们就这样决定，马上准备交货了。”该销售人员在成交时机成熟时，假定客户已接受推销建议，直接提出成交要求，及时促成了交易。当然，如果销售人员在进行了必要的推销提示、演示后，客户未提出明确的购买异议，这就表明客户比较满意，是个有利的成交时机，这时就可假定客户已接受推销建议，促成交易。又如，一位销售人员这样提出：“魏经理，您好！这个月要多少货？”这位销售人员直接假定成交，直接假定客户已经决定购买这个月要购买的产品。在这种情况下，若魏经理确认购买数量，也就暗示着已经达成交易。在实际推销工作中，销售人员经常要与客户进行推销面谈，在一般情况下，对于那些购买频率较高的客户，销售人员可以直接假定成交，直接要求客户采取成交行动。再如，销售人员对他的客户说：“马先生，请用我这支笔签字吧！”这位销售人员说着便取出签字笔递给了马先生。在这种情况下，只要马先生接过签字笔，也就达成了交易。在实际推销工作中，销售人员应该运用多种方式来传递推销信息，把行动提示语与成交假定恰到好处地结合起来，有效地促成交易。

一般而言，面对销售人员的假定成交，客户通常会有两种反应：一种是承认双方达成交易，这是销售人员所希望的，二是客户会提出某些异议，表示尚有不同意见和疑问，还需要销售人员说明解答。遇到后一种情况时，销售人员要保持镇定，态度诚恳，重新进行说服。

“王先生，如果您要买的话，您愿出多少钱？”

“我顶多拿70块钱，多一点儿我也不想要。不过我现在还没决定买。”

“嗯，我知道。要是您需要我公司的产品，在这三个样品中，您对哪种最感兴趣？我没有强迫您买的意思，只是问问而已。”

“我看这种不错，外形美观大方、功能齐全，把另外两种的优点全包括了。而且，价钱又不是很吓人。”

“我就知道您肯定会选这种，它是我公司的最新产品，曾获得尤里卡发明大奖，在国内可是第一流的！”

“是吗？看起来确实名不虚传。”

“您如果要买的话，会买多少呢？您是批发单位，想必不会少于5000台吧！”

“哎哟，可别把我吓死。我们那么一个小批发单位，怎么会要5000

台。不过，我想2000台还是可以考虑的。”

“那您觉得什么时候取货合适？”

“哦，我还没想那么多呢。好像这一个月不会再进货。”

“没关系，我跟公司先联系一下，给老板先打个电话。”

“老板说了，2000台绝对没问题，而且有四种规格，任您挑选！”

结果交易成功。

上面就是一个成功的假设成交法事例。使用假设的方法要求销售人员要保持积极的态度，在进行销售说明时要做好充分的准备，坚信你的产品正是顾客所需要的，顾客购买你的产品就是因为你的产品能够满足顾客的欲望和需求，那么你和顾客之间达成交易已经是必然的了。只要你的销售说明很生动，没有强迫顾客购买你的产品，给顾客以充分的时间去检查你的产品，收集一些资料和了解有关情况，让顾客的决策过程在自然舒适的环境下进行，你就能与顾客达成交易。当你可以假定顾客必然要购买你的产品时，再这样去询问顾客：“需要我们帮您送过去吗？”“请问您是付现金呢，还是签支票呢？”让对方明白，对于你的产品，他确实有很深的了解，购买的决定也是由他独自做出的。如果顾客不想购买你的产品，他也会直截了当地告诉你。

销售人员在使用假定促成法时，应尽量使销售谈话在融洽的环境下进行，如果顾客对你的产品兴趣不高，或仍有担心的话，千万不要采取强迫式的促成交易的方法，否则容易使你失去顾客。

一般采用假定成交法有三种情况：

1. 语言假设同意成交

你说：“先生，到目前为止我们讨论的是一项双方都得利的方案。”顾客答：“是的，的确如此。”你马上建议：“既然如此，我们明天就准备送货上门。”

2. 行动假设同意成交

顾客说：“是呀，我认为贵公司的产品定价还是比较合理的。” 你不用语言解释，而是从包中取出笔和合同书，示意顾客在订货协议上签字。

3. 言行混合假设同意成交

顾客表示：“你的产品质量过关，定价也公平合理。”你就拿出随身携带的订货合同说：“您只要在这里写上你的名字，我们保证优先发货。”

需注意的是，假定成交法主要适用于决策能力低、依赖心理强和被动求购的一类顾客，不适合自我意识强或没有明显购买意向的顾客。因此，应用时要看准顾客类型和成交信号，表情自然大方，语言温和、委婉、亲切。切忌自作主张和咄咄逼人，避免产生强加于人的高压气氛。

第九章

勿入禁区，

失“单”往往从失“言”开始

善于倾听，多给客户说话的机会

在销售过程中，销售员如果只顾自己一个劲地说产品如何如何好，而不学会倾听的话，他是无法了解客户的。无法了解客户，则销售的效率就低，甚至令人讨厌。一个成功的销售员说过：有效的销售是自己只说三分之一的话，把三分之二的话留给对方去说，然后，倾听。倾听使你了解对方对产品的反映以及购买产品的各种顾虑、障碍等。只有当你真实地了解了他人，你的销售沟通才能有效率。

乔·吉拉德被誉为当今世界最伟大的推销员，回忆往事时，他常提及如下一则令其终生难忘的故事。

在一次推销中，乔·吉拉德与客户洽谈顺利，正当马上就要签约成交时，对方却突然变了卦。当天晚上，按照客户留下的地址，乔·吉拉德找上门去求教。客户见他满脸真诚，就实话实说：“你的失败是由于你没有自始至终听我讲的话。就在我准备签约前，我提到我的独生子即将上大学，而且还提到他的运动成绩和他将来的抱负。我是以他为荣的，但是你当时却没有任何反应，而且还转过头去用手机和别人通电话，我一恼就改变主意了！”

此一番话重重提醒了乔·吉拉德，使他领悟到“听”的重要性，让他认识到如果不能自始至终倾听对方讲话的内容，认同客户的心理感受，难免会失去自己的客户。

客户在和销售人员交谈时，都希望销售人员能够耐心地听自己倾诉。一个不懂得倾听，而是滔滔不绝、夸夸其谈的销售人员不仅无法得知有关客户的各种信息，还会引起客户的反感，导致推销最终失败。

根据成功销售员的经验，每个客户都重视自己，喜欢谈论自己。可以说，销售员在说服他们购买产品的时候，千万不要自顾自地在那儿自吹自擂。法国一位哲学家曾说过：“如果你想树立敌人，只要处处压过他、超越他就行了。但是，如果你想赢取别人，你就必须让朋友超越你。”这是什么道理呢？当客户处于优势地位时时，销售员可以给他一种优越感。无论怎样，要想成为一名成功的销售人员就应当谨记，在客户兴高采烈地谈论的时候，最好做一名忠实的听众。当你这么做的时候，你会发现客户已大大提升了对你的认同度。

销售人员黄某已经是第三次跟一位潜在客户沟通了，这位客户看上去温文尔雅，他既不像一些客户那样直接表明自己拒绝购买产品，但也不轻易答应黄某多次提出的成交要求，而且当黄某不止一次地表明希望客户能够对本公司的产品或服务提供意见和建议时，这位客户也只是说“自己不是这方面的行家，没有什么好意见可提”。

面对这种情况，黄某有些不知所措了——如果就此放弃吧，客户并没有表示出强硬的拒绝态度，若就此放弃实在于心不甘，况且中途放弃也只能令自己先前的大量工作变得毫无意义；可是，如果继续和客户保持沟通的话，黄某又不知该从何说起，因为经过几次交流，他早已经把自己的身份、公司的情况以及公司产品甚至竞争对手的情况都对客户进行了详细的介绍……

最后，黄某在实在无话可说的情况下，无意间问了客户一句：“请问您最近都在忙什么呢？”

“也没忙什么，每天上班还不都是处理那些日常的事务嘛。不过，最近我下班的时候会和孩子一起去滑旱冰，呵呵，自己小的时候没有玩过，以前一直认为这是属于孩子们的运动，现在练了一段时间觉得还是蛮有意思的。”客户说这些话时虽然尽量保持语调的平静，不过销售人员黄某凭借多年的经验已经从客户的话语中听出了些许的兴奋与开心。于是黄某在客户的话音一落的时候迅速回应说：“您可真是一位有情趣的好父亲，陪儿子一起滑旱冰不但对自己是一种挑战，而且儿子也一定很开心吧？”

“是啊，他早就想让我和他一起去，说现在很多孩子的父母都会陪他们一起练旱冰，而且他觉得和我在一起滑会更有成就感和挑战感，可我直到最近才下定决心和他一起滑的。我觉得最近一段时间我都特别有活力，就好像自己又年轻了几十岁似的……”客户此时已经丝毫不再掩饰自己内心的兴奋之情了，而且他也开始滔滔不绝地讲起了自己和儿子滑旱冰时的一件件趣事……

最后，在双方一阵又一阵的大笑声当中，客户诚恳地说道：“很感谢今天你能花这么多时间听我说这些。”听到客户这样说，黄某忙说：“不，听您说这些，我自己也感觉特别开心，就好像我也和你们一起去滑旱冰一样高兴。”接着客户又笑着说：“谢谢你能这么说。”然后又听到客户话锋一转说，“对了，你把你们公司的产品资料先留一份吧，等明天下午3点钟以后你到我办公室，咱们进一步谈谈有关合作的事情……”

在销售过程中，要用心去倾听客户的话语，给客户足够的倾诉，时刻保持一种对他所说内容感兴趣的状态，让客户从心底里对你有一种心理认同感。如果你让客户高兴，他就会让你更高兴；如果你让客户的嘴巴舒服，他就会让你的钱包饱满。经常表现得对客户的话非常感兴趣，并总是乐意侧耳倾听，很快你就会发现，订单也许会主动地来找你。

事实上，销售高手都知道，在销售中有一种最简单的销售方法，它就是——倾听。“雄辩是银，倾听是金”这句话更是销售中的金言。

一年卖出60辆雷克萨斯的销售员千叶曾这样说：“每名客户都像一本书，你要用心听才读得到。”

10年前，千叶还只是个默默无闻的销售员。客户上门，三句话后她就不离“车”，因此业绩总是挂零。直到有一天，一位客户跟她说：“你就不能闭嘴吗？”这话对她来说，无疑是当头棒喝。此后，她每次都会让客户先说话。

一次，有家企业的老板娘来店里看车，同事亲热地走上前去问候：“您要来看车吗？”老板娘不悦答道：“来你们这儿，不看车看什么？”这时，只见千叶静静端上一杯水站在一旁，不发一语。

老板娘开口：“你们业务员的服务态度很差，车卖得又贵。”只见千叶虚心请教：“您说得非常对，您能给我们提提意见吗？”她挽着对方的手往贵宾室里坐下，门一关。半个小时后，一笔20辆车的订单就到手了。

同事们很奇怪地问她：“你施了什么法术呢？”千叶静静地说：“我什么都没做，只是听她抱怨了20分钟。”原来，这位客户早就锁定了一款车型，但逛了几家车行都没碰到满意的销售员。而千叶只是用心倾听抱怨，一边回应，同时也整理自己的思绪。等客户气消后，她开始与对方聊起家庭生活的经验。不到30分钟，交易就完成了。

一名优秀的销售人员，要善于聆听，善于从顾客的话语中捕捉信息，不论顾客称赞、抱怨还是责难，让顾客畅所欲言，销售人员可以从中了解到顾客的心理需求。良好的倾听技巧是培养人际关系的法宝。因此，用心倾听顾客的话，是销售人员终身受用的忠告。英国某管理学院的H.E.麦克唐纳博士在他编撰的《神奇推销术》一书中发表这样的看法：“让客户充分表达他的异议，即使你知道他下一句要说什么，也不要试图打断他。对客户要有礼貌，要认真听他所说的，尽力做出反应，给予巧妙的而非狡诈、装腔作势的回答。没有一个买主会喜欢自作聪明的推销员，除非推销员表现出对买主及其问题有兴趣，否则他永远不会赢得买主的信任。”

每一个人都喜欢自己说，而不喜欢听人家说，常常在没有完全了解别人的情况下，对别人盲目下判断，这样便造成沟通的障碍、困难，甚至冲突和矛盾。我们根据人性的知识知道，人们往往对自己的事更感兴趣，对自己的问题更关注，更喜欢自我表现。一旦有人专心倾听我们谈论我们自己时，就会感受自己被重视。

谁也希望别人重视自己、关心自己，为什么销售员不肯牺牲一点点，让客户得到愉快的体验呢？少说一些自吹自擂的话，好处之一是：客户也以热情和感激来回报你的真诚。如果你希望客户的看法与你一致，达到说服的目标，别忘了给客户说话的机会，使之能畅所欲言，充分地表达出自己的心声。

即使客户无理，也不能失礼

客户的异议无论是对是错、是深刻还是幼稚，都不能表现出轻视的样子，表现出不耐烦、轻蔑或东张西望。不管客户如何批评，销售人员永远不要与客户争辩，争辩不是说服客户的好方法。与客户争辩，失败的永远是销售人员。

客户：“您好，我想问问你们公司最新款笔记本电脑的价格，如果不是太贵的话我想买一台。”

销售人员：“噢，你一定是通过电视广告知道我们推出了最新款的笔记本电脑吧？”

客户：“是的，看电视广告知道你们推出了新款笔记本电脑。我一直用的都是你们的笔记本电脑，我觉得你们的笔记本电脑还不错，可是你们怎么请了那样一个广告小姐呀，长得不好看不说，说话也不好听！还不如请××来做广告呢！”

销售人员：“可是我觉得××更不怎么样，还不如我们的广告小姐呢。我们的广告小姐可是千挑万选才选出来的。”

客户：“你说××不好？她可是整个亚洲最棒的明星。”

销售人员：“什么整个亚洲最棒呀？她不过就是在中国有点名气而已。”

客户：“你太没品位了！她是最棒的！算了，我不买你们的电脑了，我去看看别的品牌！”

上述案例中，销售人员仅仅因为广告小姐这种无足轻重的事情而与客户发生争执，从而失去一位准客户。实际上，销售人员可以将一些鸡毛蒜皮的小事彻底忽略掉，否则很可能会因小失大地失去客户。

所以说，在销售的过程中，千万不要与客户进行争辩，不要错误地以为你在这场争执中取得了胜利，客户就会购买你的商品。当你顺从客户的意思，不与他进行争执时，你输掉的仅仅是这场争执，但赢得的却是这个客户。成功地销售出去你的商品才是你真正的目的所在。

面对客户的责难或者不信任，你最好的办法就是顺应他们的意思，用事实来证明给他们看。销售人员一定不要回避客户的争辩，更不要试图与他们去进行争辩，而是要想方设法引导客户去说，支持客户去说，鼓励客户去说，让客户公开发表自己不同的意见，这样对双方都有一定的好处。因为只有这样，客户才会感觉自己受到了重视，而你也知道了他心底真正的想法，这对销售的成功是极为有利的。

位于美国纽约自由街114号的麦哈尼公司，是一家专门经销石油工业非标准设备的公司。有一次，该公司接受了长岛石油集团公司的一批订单。长岛集团在石油界举足轻重，是麦哈尼公司的重要顾主。麦哈尼公司接受订单后不敢怠慢，抓紧时间把图纸设计好，送列长岛石油集团公司去审核。图纸经石油公司的总工程师批准后，麦哈尼公司开始动工制造。

然而，不幸的事情发生了：那位顾主是长岛石油集团公司的订货人，他在出席朋友家的私人宴会时，无意中谈起了这批订货。几位外行人竟然信口雌黄，说什么设计不合理、价格太贵等缺陷，大家七嘴八舌、叽叽喳喳。不负责任的流言飞短流长，使这位顾主产生被人欺骗了的感觉。这位顾主开始时六神无主，继而觉得真有其事，最后竟拍案而起，勃然大怒。他打电话给麦哈尼先生，大发雷霆，把麦哈尼公司臭骂一顿，发誓不接受那批已经开始订造的非标准设备。说完，啪的一声，把电话挂断。

电话那头，麦哈尼先生呆若木鸡。他被骂得丈二和尚摸不着头脑。他还没来得及转过神，没有申辩一句，顾主就把听筒撂了。

麦哈尼先生从事石油非标准设备制造多年，经验丰富，是一位懂技术的经理。他把蓝图拿来，一一对照仔细检查，看不出半点纰漏。凭经验，他确认设计方案无误，于是就乘车去长岛公司求见那位顾主。在路上，他想，如果我坚持自己是正确的，并指责顾主在技术上错误的认识，那么必将激怒顾主，激化矛盾，使事态变得更加严重。当麦哈尼先生心情平静地推开顾主办公室的门时，那位顾主立刻从椅子上跳起，一个箭步冲过来，噼里啪啦数落了一顿。他一边龇牙咧嘴，一边挥舞着拳头，气势汹汹地指责着麦哈尼公司。

在一个失去理智的人的面前，麦哈尼先生不气不恼，两眼平静地注视着对方，一言不发。也许是麦哈尼先生不温不火的态度感染了顾主，使顾主发现自己对一个心平气和的人发火是没有道理的。他突然停止了指责，最后耸耸肩，两手一摊，用平常的声音说了一句："我们不要这批货了，现在你看怎么办？"麦哈尼公司为这批订货已经投入了2万美元。如果对方不要这批货了，重新设计制造，公司就要损失2万多美元；如果与对方打官司，就会失去这家重要的顾主。麦哈尼先生是一位出色的销售员，当顾主大肆发泄一通后，问他："好吧。现在你看怎么办？"麦哈尼先生心平气和地说："我愿意按照您的意愿去办这件事。您花了钱，当然应该买到满意合用的东西。"麦哈尼先生只用两句话，就平息了顾主的冲天怒气。他接着开始提问："可是事情总得有人负责才行，不知这件事该您负责，还是该我负责。"平静下来的顾主笑着说："当然得你负责，怎么要让我负责呢？"

"是的。"麦哈尼说，"如果您认为自己是对的，请您给我张蓝图，我们将按图施工。虽然目前我们已经花去两万美元，但我们愿意承担这笔损失。为了使您满意，我们宁愿牺牲两万美元。但是，我提请您注意，如果按照您坚持的做法去办，您必须承担责任，但如果按照原来的计划执行——我深信这个计划是正确的，我负一切责任。"

麦哈尼先生坚定的神情、谦和的态度、合情合理的谈话，终于使顾主认识到他发脾气是没有道理的。他完全平静下来以后说：“好吧，按原计划执行，上帝保佑你，别出错！”结果当然是麦哈尼先生没有错，按期交货后，顾主又向他们订了两批货。

麦哈尼先生说：“当那位顾主侮辱我，在我面前挥舞拳头，骂我是外行时，我必须具备高度的自制力，绝对不能与他正面冲突。这样做的结果很值得。要是我赤裸裸地直接说他错了，两人争辩起来．很可能要打一场官司。那时的结果是：感情和友谊破裂，金钱受到损失。最终失去一位重要的顾主。在商业交往中，我深深相信，与顾客争吵是划不来的。”

人有一个通病，不管有理没理，当自己的意见被别人直接反驳时，内心总是不痛快，甚至会被激怒，心理学家指出，用批评的方法不能改变别人，而只会引起反感；批评所引起的愤怒常常引起人际关系的恶化，而所被批评的事物依旧不会得到改善。当客户遭到一位素昧平生的销售人员的正面反驳时，其状况尤甚。不要对客户的反对意见完全否定，不管是否在争论上获胜，都会对客户的自尊造成伤害，如此要成功地商洽是不可能的。屡次正面反驳客户，会让客户恼羞成怒，就算你说得都对，也没有恶意，还是会引起客户的反感，因此，销售人员最好不要开门见山地直接提出反对的意见，要给客户留“面子”。

把握分寸，别让赞美走了“调”

在销售过程中，好的赞美会大大拉近与客户的距离，促进销售，但是不合适的赞美只会让客户觉得虚伪、做作和不适。

虽说客户都喜欢听赞美的话，但也并不是喜欢一切赞美自己的言论。赞美的话若说得不得法，不仅达不到预期的目的，反而会引起客户的反感。比如说，有的销售员与客户面谈，只要看见主人是女的，张口就说：“您长得真漂亮！”“您打扮得真好看！”或“您显得真年轻！”像这种一点铺垫都没有的夸奖，太不自然了，碰上脾气好的至多不过说你句神经病，然后扬长而去，要是碰上脾气不好的，不骂你个狗血淋头才怪呢。

> 一男青年晚上在饭店碰到一位认识的女士，她正和一位女伴在用餐，两人刚听完歌剧，穿戴漂亮。这位男青年不禁眼前一亮，很想恭维一下客户：“噢，章小姐，今晚你看上去真漂亮，很像个女人。”一位女士难免生气地说：“我平常看上去什么样呢？像个清洁工吗？”
>
> 在一次管理层会议上，一位报告人登台，会议主持人向略显吃惊的与会者介绍：“这位就是刘女士，这几年来她的销售培训工作做得非常出色，也算有点儿名气了。”这末尾的一句话显然是画蛇添足，让人听了不太舒心，什么叫“也算有点儿名气”呢？

这些称赞的话会因为用词不当，让客户听来不像赞美，倒更像是贬低或侮辱。结果自然是事与愿违，不欢而散。

销售员在表扬或称赞客户时要谨慎小心，注意措辞。在列举客户身上的优点或成绩时，不要举出让听者觉得无足轻重的内容，比如向客户介绍自己的销售员时说他“很和气”或“纪律观念强”之类和销售工作无甚干系的事；你的赞扬不可暗含对客户缺点的影射。比如这样一句口无遮拦的话：“太好了，在一次次半途而废、错折和失败之后，您终于大获成功了一回！”不能以你曾经不相信客户能取得今日的成绩为由来称赞他。 比如：

“我从来没想到你能做成这件事”，或是“能取得这样的成绩，恐怕连你自己都没想到吧”。另外，销售员的赞美不能是对待小孩或晚辈的口吻，比如：“小伙子，你做得很棒啊，这可是个了不起的成绩，就这样好好干！”

好的赞美就像空气清新剂，可以振奋客户的精神，“美化”身边的气氛，但也必须清楚，再好的清新剂也有过敏以致反感者，更何况人与人之间的关系如此复杂，如果不首先通达人情，不根据所赞对象的心情及当时情境的具体情况而乱赞一通，恐怕真的会事与愿违。

高明的销售员会针对客户的能力大发感慨。如到客户家里拜访，说：“这房间布置得真别致，富有特色。”这是在赞赏客户的审美观。同样，对汽车也可以从“独特的”车内装潢进行赞美，比仅仅说“保养得好”强很多。同样，对一个女孩子说：“这样的衣服穿在你身上，可真是绿叶扶红花！”这仅仅只是表达出了欣赏客户的眼光。如能紧紧盯住客户的知识、能力、品位，将赞美做到这一步，则说明你有一定的造诣了。

赞美是一件好事，但绝不是一件易事。赞美客户时如不审时度势，也会变好事为坏事。如果你想更好地发挥赞美的效果，需要注意以下几个要点：

1. 抓住客户的心理去赞美

陈词滥调往往是在不深入了解客户心理的情况下说出的疲于应付的话，无的放矢，没有目标。只有把握住客户的脉搏，才能知道客户此时的心情和需要，给予别出心裁的赞美。

2. 赞美要具体、深入、细致

抽象的东西往往不具体，难以给人留下深刻印象。如果称赞一个初次见面的客户“你给我们的感觉真好”，那么这句话一点作用都没有，说完便过去了，不能给人留下任何印象。但是，倘若你称赞一个好推销员：“小王这个人为人办事的原则和态度非常难得，无论给他多少货，只要他肯接，就绝对不用你费心。”由于你挖掘了对方某些优点给予赞扬，增加了对方的价值感，因此赞美起的作用会很大。

3．赞美要热情洋溢

漫不经心地对客户说上一千句赞扬的话，也等于白说。缺乏热情的空洞的称赞，并不能使客户高兴，有时还可能由于你的敷衍而引起客户的反感和不满。

4．赞美不能漫不经心

如果销售人员的赞美并不是基于事实或发自内心的，就很难让客户相信销售人员，客户甚至会认为销售人员在讽刺他。缺乏真诚的空洞的称赞，并不能使对方高兴，有时甚至会由于敷衍而引起反感和不满。一旦客户发现销售人员说了违心的话，最可能的判断就是销售人员是不可信的。所以，赞美必须是实事求是的、有根有据的，是真诚的、出自内心的，是为人所喜欢的。最好的赞美就是选择对方最心爱的东西、最引以为自豪的东西加以称赞。

5．赞美要因人而异

即使是因为相同的事由，你也不应以同样的方式来称赞所有的客户。不要去找任何时间、场合下对任何客户都适用的“赞赏万金油”，它是不存在的。避免给客户留下“这人对谁都讲那么一套”的坏印象。

在很多人的聚会中，你千万不要搬出前不久刚称赞过其中某一位的话，再次恭维其他人。还是仔细想一想，每位顾客与他人相比，到底有何突出之处，这样就能因人制宜、恰到好处地赞扬别人。

6．赞美要利用恰当的机会

赞美客户时，不要突然没头没脑地就大放颂辞。你对顾客的赞赏应该与你们眼下所谈的话题有所联系。请留意你在何时以什么事为引子开始称赞对方。对方提及的一个话题，他讲述的一个经历，也可能是他列举的某个数字，或是他向你解释的一种结果，都可以用来作为引子。如果客户没有给你这样的机会，你就自己“谱”一段合适的“赞赏前奏”，使得对方不致感觉这赞扬来得太突然。不妨用一句谦恭有礼的话来开头：“恕我冒昧，我想告诉您……”“我常常在想，我是不是可以说说我对您的一些看法……”这种“前奏”还有两大功用：一是唤起听话者的注意力，二是使你的称赞显得更加恳切诚挚。

7. 赞美并非越直接越好

有时，间接的赞美更能打动客户的心。比如说，对方是个年轻的女客户。为了避免误会，不便直接赞美她。这时，不如赞美她的丈夫和孩子，这比赞美她本人还要令她高兴。也可以借用第三者的口吻来赞美，比如说：“怪不得玛丽说您越来越漂亮了，刚开始我还不相信，这一回一见可真让我信服了。”这就比说“您真是越长越漂亮了”更有说服力，而且可避免轻浮、奉承之嫌。

总而言之，只要销售员掌握赞美客户的这个“必杀技”，就会很容易地获得客户的好感，使销售工作变得不再困难。

不要随意打断客户的讲话

在与人交谈的时候，谁都喜欢当谈话的主角，谁都不喜欢别人乱插话。想象一下，当一个人正兴致勃勃地讲一件事，四周也围满了听得津津有味的听众时，你突然插嘴：“喂，这是在昨天新闻上看到的事吧？”无故被你打断，说话的那个人绝对不会对你有好感，而且其他人很可能也觉得你不懂事。

培根曾说：“打断别人，乱插嘴的人，甚至比发言者更令人讨厌。”那些不懂礼貌的人总是在别人津津有味地谈着某件事情的时候，在说到高兴处时，冷不防地半路杀进来，让别人猝不及防，不得不偃旗息鼓而退。这种人不会预先告诉你，说他要插话了。他插话时有时会不管你说的是什么，而将话题转移到自己感兴趣的方面去，有时是把你的结论代为说出，以此得意扬扬地炫耀自己的光彩。无论是哪种情况，都会让说话的人顿生厌恶之感，因为随便打断别人说话的人根本就不知道尊重别人。

随意打断别人的话，是最失礼的行为。即使你认为自己多么有学问、有见识、有智慧，也应该在与人谈话的时候少说多听，这不仅是对别人的一种尊重，更体现了你的内在修养。

一位电话销售人员与客户正在通话，客户说："我还有一个问题，我听人家讲……"

这时，这个销售人员心里不知有多紧张，因为最近产品出了些问题，已经有不少客户投诉，他觉得这个客户也是问产品的问题，所以就立即打断客户："我知道了，你是指我们产品最近的质量问题吧，我告诉你……"这个客户很奇怪："不是啊，我是想问怎么付款才好。怎么？你们产品最近有问题吗？你说说看……"结果，客户取消了订单。

每个人在讲话的过程中都不希望被别人打断或插话。既然是聆听客户的心声，就不要轻易打断他们的发言。打断客户，不仅会让客户的感情受到伤害，更重要的是，可能会忽略客户要讲的重要信息，造成不利影响。

袁华在镇上盖起了一套三层的楼房，当房子三层刚封顶时，几个朋友在他家吃饭。席间，来了一位专门安装铝合金门窗的销售员。

那位销售员一见到袁华，就马上双手捧上名片，向他推销自己的产品。袁华听后说："虽然我不认识你，但你刚刚的一席话的确打动了我，我觉得你的经验非常丰富，这个价格也适中……只是，在你来之前，我们厂里一名下岗钳工已经向我提起过这事了，说他下岗了，门窗安装之事让他来做……”

袁华的话还没说完，那位销售员便插嘴说：“你说的是那个个体户老王吧？就他那点敲敲打打的小手段怎么能跟我们正规公司比呢？”

此言一出，袁华的脸就阴了下来，他冷冷地说：“不错，他的技术是没你们好，也没有你们那先进的设备，但他已经下岗在家了，资金不够丰厚，只能这样慢慢完善。出于同事之间的交情，我也不能不给他做！”

那位销售员只好灰溜溜地走了。袁华回过头来对朋友们说：“这个销售员太没眼力见儿了，我的话本来是想暗示他，做铝合金门窗的人很多，不光他一个上门来找业务，希望他能稍微降点价。没想到他那么粗暴地把我的话打断了。哼！我宁愿再多掏点钱，也不会跟这样的人合作。”

每个人都会情不自禁地想表达自己的愿望，但如果不去了解别人的感受，不分场合与时机地就去打断别人说话或抢接别人的话头，这样会扰乱他们的思路，要讲些什么反而都忘了，引起对方不快，有时甚至会产生不必要的误会。

不要无端地打断客户的谈话，需要插话也要学会适时地插话。每个人都喜欢别人从头到尾安静地听自己把话说完，以便借此展示自己的价值。所以，与客户交谈时要专注于对方所讲的话题，等对方讲完以后，再开始你的话题。

即使你没听懂对方说的话，或是听漏了一两句，也千万别在对方说话途中突然提出问题，必须等到他把话说完，再说：“很抱歉！刚才中间有一

两句你说的是……吗？”如果你是在对方谈话中间打断，问：“等等，你刚才这句话能不能再重复一遍？”这样，会使对方有一种接受命令或指示的感觉，显然，对你的印象就没那么好了。

不要急于插话，要想清楚自己要说什么，怎么插话、何时插话比较合适。即兴插话、语无伦次地乱讲一通，对方会很扫兴。只有把要插的话想好、说到位，才能令对方信服。

如果你想让客户喜欢你，接纳你，就必须根除随便打断别人说话的陋习，当要打断别人时，提醒自己“多给别人一些表达的机会”。

多称赞对手，不要诋毁你的对手

俗话：“同行是冤家”。面对日益激烈的竞争，诋毁对手似乎是一个很正常的现象。但从长远发展来看，这样做事损人不利己的。全美推销高手汤姆·霍普金斯告诉我们，当评价竞争对手时，一定要避免带有主观感情色彩，因为这种感情色彩自然是消极和贬义的。

不贬低诽谤竞争对手的商品是销售员的一条铁的纪律。做一名合格的销售员一定要记住，把别人的商品说得一无是处，绝不会给你自己的商品增加一点好处。正如马云所说：“真正做企业是没有仇人的，竞争的时候不要带仇恨，带仇恨一定失败。”

余建明是从事房地产交易的一名销售人员，在工作中有一个名叫林建波的同事对他取得的超高业绩表现得非常嫉妒，将他看作自己工作发展道路上的眼中钉，时常喜欢在领导面前说他的坏话。

有一次，林建波接待了一位有意向余建明购买郊区别墅房子的大客户，但当时余建明因为有其他事情请假没来上班（根据公司的规定，客户一般情况下应该由第一次接待他的交易员接待。）于是林建波便开始带着这位客户去郊区看别墅去了。

在带着客户在别墅中四处转的时候，林建波一有机会就向客户贬低余建明，说他为人虚伪狡诈，而且有过欺骗客户的案例。当时客户听完后没有说什么，可是第二天客户便打来电话，说他不准备通过这家房地产交易所购买房子了，原因是“连余建明那么优秀的房屋销售员都如此不可信，那么这家公司一定不值得信赖”。得知事情真相的销售经理当即决定辞退林建波，但是房地产公司的损失却难以挽回了。

我们经常听说这样一句话：“不要说别人不好，而要说别人的好话。”对竞争对手的攻击往往不会达成消灭对手的目的，反而会使自己的形象大打折扣，最后受伤害的往往是自己。

和竞争对手有关的话题是每个销售员都要遇到的问题。当客户询问竞争对手时，销售员可以不回避竞争对手的信息，但不能随意贬低对手。一般来说，对竞争对手的评价要欲言又止，含而不露，如果直接评价对手会给客户一种你在诋毁竞争对手的感觉，甚至他会认为你的品质有问题，不可信。

某公司的董事长正打算购买一辆不太昂贵的汽车送给儿子做高中毕业礼物。福特牌轿车的广告曾给他留下印象，于是他到一家专门销售这种汽车的商店去看货。而这里的售货员在整个介绍过程中却总是在说他的车哪些哪些比“菲亚特”和“大众”强。作为董事长的他似乎发现，在这位推销员的心目中，后两种汽车是最厉害的竞争对手，尽管董事长过去没有买过那两种汽车，他还是决定最好先亲自看一看再说。最后，他买了一辆“菲亚特”。

诋毁对手，这是销售新手常犯的错误，他们低估了客户的智商和警惕性。销售员如果主动攻击竞争对手，他将会给人留下这样一种印象：他一定是发现部分对手非常厉害，觉得难以对付。人们还会推测，他对另一个公司的敌对情绪之所以这么大，那一定是因为他在该公司吃过大亏。客户下一个结论就会是，如果这个厂家的生意在部分对手面前损失惨重，他的竞争对手的货就属上乘，应当先去那里瞧瞧。

做事先是做人，背后说人是非，暴露的是自己品德的缺失，而在攻击竞争对手的同时也会使自己失去他人的拥护。相反，如果你赞赏竞争对手，对竞争对手的优点给予肯定，这样会让客户感到你是一个公平理智的销售员，如此，客户在无形之中就向你靠近了。

贝格是美国信实保险公司杰出的推销员，他不吝啬赞美自己的同行，并不担心因此丢失了自己的生意。有一次，贝格打电话给某公司的前财务部主任钟尼斯先生。钟尼斯先生不认识贝格，也没有听说过他们公司的名字。以下是他们通话的内容。

贝格：“钟尼斯先生，请问您投保哪家保险公司？”

钟尼斯先生：“纽约人寿保险公司、大都会保险公司和天佑保险公司。”

贝格：“您的眼光真不错.”

钟尼斯先生（似乎被取悦。）：“真的吗？”

贝格：“他们的确是一流的保险公司。这几家保险公司的优点分别在于……大都会保险公司非常卓越，甚至有些社区里的男女老少都投保这家公司。这些优点足以证明他们的确是世界一流的公司。”

钟尼斯先生（对贝格的判断力相当佩服。）：“嗯，你说的没错。”

贝格（最后下个简短而有力的结论。）：“钟尼斯先生，费城本地就有3家一流的大公司，分别是天佑、信实、互惠公司。”

对于贝格对同行的了解和赞许，钟尼斯先生印象深刻，所以一旦贝格介绍自己所隶属的保险公司，把公司与他熟悉的大公司并列，他很快就接受了贝格的介绍和说明。于是钟尼斯先生不仅个人投保，几个月后，他公司另外4位主管也投保信实公司，替贝格带来一大笔生意。当那些主管问及有关信实保险时，钟尼斯先生把贝格曾描述过的话重复一遍，并不是强调他是“费城三大保险公司之一”。

本杰明·富兰克林说：“大多数情况下，不失时机地夸赞竞争对手可以取得意想不到的效果。”对竞争对手的评价，往往最能折射出一个商业人士的素质和职业操守。而保持客观公正的态度评价竞争对手，不隐藏其优势也不夸大其缺点，才能让你的客户从你的评价中了解相关信息，并感受你的素质和修养。

记住：攻击竞争对手，伤的是自己。不要攻击你的竞争对手，而要说他的好话！

多一分理解，包容客户的挑剔

在销售过程中，难免会出现一些不理解和误会，销售人员具备包容心，会使双方都将误会放在包容之中，将销售过程中所谓利益争夺战转化成轻松的交谈，在和谐的气氛中完成交易。

宽容豁达是优秀销售人员的一种美德，也是面对无理客户的法宝。销售人员需要有包容心，要包容和理解客户。这就要求销售人员要包容客户的无知、挑剔甚至是无理，对客户要有认真负责的态度，充分考虑到他们的利益和难处，不能因为客户缺乏知识或缺乏常识而表现得不耐烦。同时，对待客户要真诚，要给予适当的情感尊重，对于客户的为难、抱怨等要给予理解，并予以正面的引导。

一位新上任的商场经理，对连续三个月销售排名第一的销售人员感到非常不解。据好多人讲，这位女销售人员其貌不扬，也不善于言谈，可她铺位的鞋销售得非常好，销售额已经连续三个月在40个铺位中蝉联第一。全商场都是鞋，一个既不善于言谈，也不非常漂亮的销售小姐，顾客为何垂青于她？

对于这个疑问，经理想弄个明白。于是，他前去观察。看后，终于明白了其中的道理：这位女销售人员主要经营女鞋，女士买鞋总是喜欢试来试去，这位销售人员不仅不烦，还建议顾客再多试几双。“没关系，多试几款，总有一款适合你！”面对顾客的挑剔——颜色不好、款式难看、做工粗糙，她总是面带微笑说：“要不再试一试这双！”所以，顾客一直试下去，直到满意为止。即使顾客试了几双，确实没有合适的，表示不买，这位销售人员还会面带微笑说：“没关系，欢迎下次再来！”

而其他铺位的销售人员在顾客试过三款之后就非常不耐烦了，要么开始极力推销，要么表示出不耐烦：“就这几款，只是颜色不同。”要么就是：“您最好快点，我那还有顾客呢！”要么就是：“这个价格，还能有多好的做工，有做工好的，价格高，你要吗？”作为顾客，谁不想“物美价廉”，你说价格高顾客会要吗？

正是凭借着这种对顾客的包容，这位销售人员才赢得了顾客，实现了良好的销售业绩。

大千世界，无奇不有，什么样类型的客户都有。但是客户是上帝，上帝有挑剔和选择的权利。有时候上帝的脾气古怪，有时候做事不可理喻，但他是上帝，所以有这样的权力。你做的事情不是去埋怨上帝为什么这么不通人情，你需要做的是用自己的语言技巧去赢得上帝的欢心。

客户有的对公司挑剔，有的对产品挑剔，有的对人挑剔。有人说价格高了，有人说产品差了，有人说送货晚了，有人说服务不周到了。这些都是销售人员会不断遇到的问题。不管你的企业做得多么优秀，产品如何好，总会有不满意的客户。而作为一个优秀的销售人员，他必须勇敢地面对这些问题，用包容的心态去接纳客户，并且及时提供解决方案。所以艰巨的销售工作造就了销售人员良好的包容和应变能力。他们会对不同性格、不同年龄、不同性别、不同文化，不同要求的客户采取不一样的解决方法。最后让客户买得放心、买得高兴。

总之，只要销售人员在自己的心中装满宽容，那样就会和顾客少一分阻碍，多一分理解，也就多了一分成交的机会。否则，将会永远被挡在通往成功的道路上，直至被击倒。

管住你的嘴，有些话不能乱说

许多销售在与客户交谈的时候，兴致一旦起来，便口无遮拦，有时候口

快，说出去的话收不回来导致订单取消也是正常的事，所以，我们销售在与客户交谈时时刻注意把好口风，不说不该说的话。

假如你是一名服装售货员。一天，一位穿着一件旧外套的顾客走进了店门。看着他身上的破旧外套，你就想卖给他一件新外套。你心里在想："这人怎么还穿这种破衣服？这还是好几年以前流行的款式，他居然穿了这么多年，这衣服早该当抹布用了。"当然，你心里可以这样想，但嘴上万不能这样说。如果实话实说，那肯定会离销售成功越来越远了。

如果你是一名汽车推销员，当客户问，他那辆旧车可以折合多少钱时，你心里想的也许是："这辆破车还能值几个钱？"这可能是大实话，那辆车也许确确实实就是一辆不值钱的破车，它的轮胎也许已经磨损得不像样了，它的发动机工作时的杂音也很大，车里的气味也许很难闻。总而言之，它就是一辆破车，但这种大实话你绝对不能说。因为这是客户的车，客户可能很喜爱这辆汽车，毕竟开了这么多年，多少会有点感情。即便不喜欢这辆车，但也只有客户自己有资格来批评这辆车。如果你先开口说这辆汽车如何如何的糟糕，这无疑是在侮辱汽车的主人，不知不觉中已经伤害了客户的自尊心。这样一来，还能向客户销售吗？想想这些，你还敢批评客户用过的东西吗？

所以通常情况下，销售人员在与客户沟通时，不能说以下几种话：

1．不说批评性话语

这是许多销售员的通病，有时讲话不经过大脑，脱口而出伤了别人，自己还不觉得。常见的例子，见了客户第一句话便说，"你家这楼真难爬！""这件衣服不好看，一点都不适合你。""这种茶真难喝。"再不就是"你这张名片真老土！"这些脱口而出的话语里包含批评，虽然我们是无心去批评指责，只是想打一个圆场而随意讲的话，可在客户听起来，感觉就不太舒服了。

2. 禁用不雅话语

每个人都希望与有涵养、有层次的人在一起，相反，不愿与那些“粗口成章”的人交往。同样，在我们销售中，不雅之言，对我们销售产品，必将带来负面影响。诸如，我们推销寿险时，你最好回避“死亡”、“没命了”、“完蛋了”，诸如此类的词语。然而，有经验的销售员，往往在处理这些这类言辞时，都会以委婉的方式来表达这些敏感的词，如用“丧失生命”、“出门不再回来”等替代这些人们不爱听的话语。不雅之言，对于个人形象会大打折扣，它也是销售过程中必须避免的话，你注意了、改过了，你便成功在望了！

3. 不说夸大不实之词

如今人们不再简单地将推销等同于夸大与欺骗，更多的，推销被看作是一种艺术。的确，要将东西卖出去也许并非是最困难的，困难的是让客户与销售员保持友好、信任的关系。客户在日后的享用产品中，终究会清楚你所说的话是真是假。不能因为要达到一时的销售业绩，你就要夸大产品的功能和价值，这势必会埋下一颗“定时炸弹”，一旦纠纷产生，后果将不堪设想。

4. 尽量避免命令式语句，多采用请求式语句

什么是命令式语句，什么是请求式语句呢？举一个乘坐公共汽车的例子：假如一个人上车之后，对坐着的人说：“喂！过去一点，这里我要坐！”这是命令式语句，其结果是即使座位很松，对方也不见得乐意把位子空出来。如果他换个说话方式：“对不起，能不能让我也挤一挤。”这是请求式语句，由于他说话客气，所以对方是乐意帮忙的。命令式语句是说话者单方面的意愿，没有征求别人意见就要求别人去做。请求式语句是尊重对方，以协商的语气，请别人去做。例如，客户问销售人员：“你们厂生产的牙膏还有没有货？”销售人员答：“没有了，这个问题下个月再谈吧。”这样会令客户不舒服而转向别的厂购买。但若是说“本厂牙膏已全部订出去

了，不过我们已在加班生产，您愿意等几天吗？”则会挽留住一位客户。

5. 少用否定语句，多用肯定语句

对销售人员而言，严格地讲否定语句应视为一种禁忌。要尽量避免。在很多场合下，肯定语句是可以代替否定语句的，且效果往往出人意料。例如，客户问：“这样的衣料没有红色的吗？”销售人员答：“没有！”这就是否定语句。客户听后的反应自然是既然没了，我就不买了。但若答：“目前只剩下蓝色和黄色的了，这两种颜色都卖得不错。”便成为一种肯定的回答。虽然两种回答都承认没有红色衣料，但否定似乎是拒绝，而肯定给人一种温和的感觉。

6. 少问质疑性的话语

销售过程中，你很担心客户听不懂你所说的一切，而不断地以担心对方不理解你的意思质疑对方，“你懂吗？”“你知道吗？”“你明白我的意思吗？”“这么简单的问题，你了解吗？”似乎以一种长者或老师的口吻来问这些让人反感的话题。众所周知，从销售心理学来讲，一直质疑客户的理解力，客户会产生不满感，这种方式往往让客户感觉得不到起码的尊重，逆反心理也会随之产生，可以说这是销售中的一大忌。

7. 禁用攻击性话语

我们可以经常看到这样的场面：当一种新产品刚上市时，大家都卖得很好。但过不了多久，由于竞争激烈，同行之间开始相互攻击，互揭老底，有的甚至把对方的产品说得一文不值。于是，一个本来市场潜力很好的产品，在消费者心目中的形象就变得越来越差了，价格也卖得越来越低，利润也越来越薄，最后只好大家一起退出市场。其实，攻击同行或别的项目均会起到相反效果，客户会认为你害怕同行，或者你想把不合格的产品推出去。针对对手的攻击，你也只能对自己的产品进行介绍；客户是成年人，他们会有自己的分析能力，这样客户才会买你的产品。